Gottfried von Purucker

Goldene Regeln der Esoterik

Titel der Originalausgabe: Golden Precepts of Esotericism
Theosophical University Press Covina, California

First Edition, 1931
Second Edition, Revised, 1935

7. Auflage 1990

ISBN 3-924849-23-4

Umschlaggestaltung: Karin Prinz
Weserdruckerei Rolf Oesselmann GmbH, Stolzenau

VERLAG Esoterische Philosophie GmbH, Hannover

GOLDENE REGELN DER ESOTERIK

Gottfried von Purucker

Autorisierte Übersetzung
der englischen Originalausgabe

Verlag
Esoterische Philosophie GmbH
Hannover

PROF. DR. GOTTFRIED VON PURUCKER

VORWORT

Dieses Büchlein enthält gewisse Lehren, die den Chelas in der Esoterischen Schule zum Studium und zur Meditation erteilt werden. H. B. Blavatsky's *Stimme der Stille* enthält eine Anzahl von Auszügen aus derselben Sammlung von Lehren, und das in einer Wiedergabe, welche sich fast wörtlich an den Urtext anlehnt; doch ist die Darstellung in jenem wunderbaren Bändchen in hohem Maße mit fachwissenschaftlichen Ausdrücken durchsetzt und deshalb für den Abendländer, der fast von Geburt an in einer ganz anderen Psychologie aufgewachsen ist, schwer verständlich.

Die Auszüge aus öffentlichen wie privaten Unterweisungen, die das vorliegende Buch enthält, stellen einen Versuch dar, abendländischen und auch morgenländischen Lesern andere in der Esoterischen Schule gebräuchliche Lehren darzubieten, jedoch in einer für den Westen verständlichen Form, d. h. in einer Form, die der Denkweise suchender Menschen des Abendlandes vertrauter ist, obschon ich mich in manchen Fällen Wort für Wort an den Text der Geheimen Bücher gehalten habe, die ich selbst schon seit vielen Jahren studiere.

Es gibt eine bändereiche esoterische Literatur, die jedoch zum größeren Teile dem Westen völlig unbekannt ist, und von welcher aus diesem oder jenem Grunde nur wenige Proben dem Schatze archaischer Weisheit entnommen und in den öffentlichen Verkehr gebracht worden sind.

Das Bedürfnis für esoterische Erbauungsbücher ist heute wahrscheinlich ebenso groß wie je in der Vergangenheit; und ich hoffe, daß die Leser der folgenden Blätter von demselben Licht erleuchtet werden, daß sie aus den teils in Übersetzungen, teils in Umschreibungen dargebotenen nachfolgenden Auszügen aus den Büchern der Esoterischen Schule dieselbe Anregung und Förderung empfangen mögen, wie sie mir selbst in vergangenen Jahren zuteil geworden sind.

Bei meinen Vorträgen vor der Öffentlichkeit und im engeren Kreise, welchen die folgenden Auszüge entnommen sind, bemühte ich mich, in mein Thema so viel von den so tief mystischen Gedanken der Geheimen Bücher hineinzuweben, wie ich mich berechtigt fühlte, weiterzugeben. Ich hoffe, daß dieser Versuch auch in der vorliegenden Zusammenstellung von Auszügen gelungen ist. Es könnten diesen Vorträgen eine große Anzahl von weiteren Auszügen ähnlicher Art entnommen, zusammengestellt und als Seitenstücke zu dem vorliegenden Büchlein veröffentlicht werden, und dies wird in der Zukunft vielleicht auch geschehen.

Das Erscheinen dieses Bändchens GOLDENE REGELN DER ESOTERIK ist dem intuitiven Unternehmungsgeist und der aus tiefer Ergebenheit geborenen Anteilnahme eines Freundes und Schülers, G. B., zu verdanken.

Ich weiß, daß diese Sammlung von Auszügen aus den archaischen Lehren der Weisheitsreligion der Menschheit, wie sie im Heiligen Orden des Mitleids gelehrt wird, für alle Schüler der Alten Weisheit, für alle, die danach verlangen, etwas über das Leben zu erfahren, das Chelas — Jünger — der Alten Weisheit führen, eine Hilfe und ein Ansporn sein wird.

G. von Purucker.

VORWORT ZUR ZWEITEN UND VEREINFACHTEN AUSGABE

Das vorliegende Handbuch war fast überall beliebt und die ganze erste Ausgabe, welche sechs Neudrucke erlebte, ist seit einiger Zeit vollständig vergriffen. Da das Buch immer wieder von neuen Lesern verlangt wird, wurde beschlossen, die vorliegende zweite und vereinfachte Ausgabe zu drucken. Sie enthält die Lehren der früheren oder ersten Ausgabe unverändert. Änderungen in dieser zweiten und vereinfachten Ausgabe bestehen jedoch darin, daß die mit „Der Schüler" überschrieben gewesenen Bemerkungen und gelegentlich einige Worte in den mit „Der Lehrer" bezeichnet gewesenen Abschnitten weggelassen wurden. Der die Lehren enthaltende Teil des Buches, welcher praktisch den eigentlichen Inhalt des Buches bildet, blieb unberührt und bildet eine wörtliche Wiedergabe der ersten Ausgabe. Der Entschluß, die Gesprächsform oder vielmehr die Form von Frage und

Antwort fallen zu lassen, wurde auf Grund vieler Bitten gefaßt, die aus allen Teilen der Welt deswegen eingingen. Es möchte scheinen, daß viele Leser dieses kleinen Buches die Form der einfachen und direkten Anweisung vorziehen. Ihre Bitten sind erfüllt worden.

Der Verfasser hofft aufrichtig, daß die neuen Leser in der vorliegenden Ausgabe ebensoviel spirituelle Erquickung und intellektuelle Anregung finden, wie sie die Leser der ersten Ausgabe augenscheinlich dort gefunden haben.

G. von Purucker.

INHALT

1.

DER PFAD
ZUM
HERZEN DES UNIVERSUMS

DER PFAD ZUM HERZEN DES UNIVERSUMS

Es ist ein Hunger in jedem Menschenherzen, den nichts befriedigen oder stillen kann, ein Hunger nach höheren Dingen als den Menschen des Alltags bekannt, ein Hunger nach dem Wirklichen, ein Hunger nach dem Erhabenen. Er ist das göttliche Heimweh der Seele, der Geistseele des Menschen. Dieses Sehnens Quell entspringt dem Gefühl der Heimatlosigkeit, der Erinnerung der Seele an unsere spirituelle Heimat, aus der wir kamen und zu der zurück nun wieder unsere Reise führt.

Unbewußt, seherisch, ohne daß der denkende Verstand daran beteiligt ist, erschauen die Menschen die Erhabene Vision auf den Bergesspitzen des Mystischen Ostens. Ach, dieses brennende Heimweh nach dem Unbeschreibbaren, nach dem Unsterblichen, nach dem Todlosen, nach dem, was unnennbaren Frieden bringt und eine Liebe, die grenzenlos in ihrer Weite ist!

Eines jeden Menschen Herz fühlt dies, und es ist die rettende Macht im Menschen, das, was ihm Hoffnung verleiht und seinen Strebenssinn nach Höherem weckt, was seine Seele erhebt durch die Erkenntnis der Herrlichkeit, die einst sein war.

Licht für das Gemüt, Liebe für das Herz, Begreifen für den Verstand: alle drei müssen in jedem Menschen befriedigt werden, ehe er wahren Frieden findet.

Es gibt einen Pfad, einen erhabenen Pfad der Weisheit und Erleuchtung, der für jeden Menschen in irgendeiner seiner Verkörperungen auf dieser Erde beginnt und dann nach innen führt; denn es ist der Pfad des Bewußtseins und der spirituellen Verwirklichung, der immer mehr, immer weiter nach innen führt zum Mystischen Osten, der das Herz des Universums ist, es ist dein innerster Kern — die aufsteigende Sonne des spirituell-göttlichen Bewußtseins in dir.

Jede Fähigkeit, jede Energie, alles ist in der tiefsten Tiefe deines Wesens enthalten, welches sozusagen dein Weg ist, auf dem du aus dem Herzen des Seins, deinem spirituellen Selbst, herauswächst.

Der Pfad zum Herzen des Universums ist nur einer und doch ist er für jeden Menschen verschieden. Dies bedeutet, daß ein jeder Mensch selbst jener Pfad ist — jener Pfad, welcher aus Denken, Bewußtsein und dem Gefüge seines eigenen Wesens gebildet ist. Er besteht aus der Substanz des Herzens der Natur.

Es gibt einen Weg, der ist lang und auch breit. Das ist der Weg, auf welchem du den dahineilenden Energiestrom der Natur mit dir hast. Und wenn du diesem Wege folgst, wirst du zu deiner Zeit auch einmal Vollkommenheit erlangen; doch dies ist der Weg langsamer, langwieriger Entwicklung, der dich in jedem Erdenleben ein kleines Stückchen vorwärts bringt und dich im Verlaufe unberechenbarer Zeiten zum Ziele führt.

Es gibt aber auch einen anderen Pfad, steil und dornig, schwierig zu begehen. Das ist der Weg, den die Großen der menschlichen Rasse eingeschlagen haben. Er ist der kürzere Pfad, doch auch der schwierige. Er ist der Pfad der Selbstüberwindung, der Pfad der Selbsthingabe an das All, der Pfad, auf welchem der persönliche Mensch zum unpersönlichen Buddha, zum unpersönlichen Christus wird; der Pfad, auf welchem vom Pilger alle Eigenliebe aufgegeben wird, da sein ganzes Leben erfüllt wird von Liebe zu allen Dingen, groß und klein. Es ist ein mühevoller Pfad, denn es ist der Pfad der Einweihung; es ist der steile und dornige Pfad zu den Göttern. Denn wer die Höhen des Olymps erklimmen will, muß dem Pfade folgen, wie er vor ihm liegt.

Im Osten kannte man seit unvordenklichen Zeiten vier „Pfade"*), denen die vier Klassen oder Arten von Menschen nach dieser alten hindostanischen Theorie folgen.

Der erste ist Karma-Mârga, der Pfad des Handelns — der „Erlösung durch Werke".

Der zweite ist Bhakti-Mârga, der Pfad der „Erlösung durch den Glauben".

Diese zwei Pfade oder diese zwei Sy-

---

*) Diese vier Pfade entsprechen genau den vier sozialen und politischen Schichten der früheren Kulturen Hindostans in der vedischen Periode: der sûdra (Ackerbauer); der vaisya (Handeltreibender); der kshattriya (Verwaltungsbeamter, Krieger, König, Fürst, kurz, die Klasse der Staatsbeamten u. s. w.) und viertens der brâhmana (der Philosoph und Weise).

steme der Vervollkommnung von Herz und Gemüt des Menschen, sind auch im Westen mehr oder weniger bekannt und wurden Erlösung durch Werke bezw. Erlösung durch den Glauben genannt. Doch sind diese zwei Pfade nicht die höchsten.

Der dritte Pfad ist Râja-Yoga-Mârga, der Pfad von Râja-Yoga: der Pfad, dem die strebende Wesenheit folgt, um Freiheit und Licht zu erlangen, um durch bewußtes, strebendes Bemühen zu jener wirklichen Vereinigung mit dem inneren Selbst zu gelangen. Und der vierte Pfad, — den Erwählten der Menschheit vorbehalten —, wurde Inâna-Mârga, der Weisheitspfad genannt: der „Pfad" der großen Seher und Weisen und überhaupt des edelsten Teiles der Menschheit.

Schön sind die Pfade, erhaben das Ziel und rasch die Füße derer, die dem Wege der stillen, leisen inneren Stimme folgen; und dieser Weg führt zum Herzen des Universums. Dies ist der Kern der Botschaften der großen Mysterien des Altertums — die Vereinigung des einfachen Menschenwesens mit seinem göttlichen Ursprung, mit der Wurzel von ihm selbst, die mit dem All verbunden ist; denn jener Kern ist ein

Funke des zentralen Feuers, ein Funke der Gottheit; und dieser Funke ist in einem jeden.

Das Göttliche wohnt in deinem Herzen. Es ist deine Wurzel. Es ist der letzte, allerinnerste Kern deines Wesens; und du kannst emporsteigen auf dem Pfade des spirituellen Selbstes, Schleier um Schleier der verdunkelnden Selbstheit hinter dir lassend, bis du die Vereinigung mit jenem inneren Göttlichen erreichst. Das ist das erhabenste Erlebnis, welches dem Menschen bekannt ist — die Erforschung von des Menschen Selbst.

Auf diesem Pfade, diesem inneren Pfade der Selbsterkenntnis, wirst du nicht nur die Höhen des Parnaß oder Olymps erklimmen, sondern du wirst so an Verständnis und innerem Schauen wachsen, daß deine Augen weite Gebiete und Fluten inneren Lichtes umfassen und dir die heiligsten und schönsten und deshalb erhabensten Mysterien des grenzenlosen Alls offenbar werden.

Der erste Schritt auf dem Pfad zum Herzen des Universums ist die Erkenntnis der Wahrheit, daß alles von innen kommt. Alle Inspiration des Genies, alle die großen Gedanken, welche die Zivilisationen aufbauten und zerstörten, all die wunderbaren Botschaften, welche von den Großen der Erde an ihre Menschenbrüder gerichtet worden sind — dies alles kommt von innen heraus. Der Kampf um die Vereinigung, um das Einssein und die Verschmelzung mit deinem inneren Gotte ist mehr als zur Hälfte gewonnen, wenn du diese Wahrheit erkennst.

Und wie herrlich erweist sich der Pfad danach! Wie groß und schön ist er! Immer weiter und tiefer führt er nach innen, — man könnte ebensogut sagen, nach oben —, immer höher und höher, bis du eins wirst mit deinem eigenen Geschlecht — den Göttern —, welche die Lenker und Herrscher des Universums sind und deren Kinder die Menschen.

Das, was in deinem tiefsten Innern wohnt, ist ein Gott, eine lebendige Gottheit; und von dieser göttlichen Quelle fluten hinunter in dein menschliches Gemüt all die Dinge, die den Menschen groß machen, alles, was Liebe und mächtige Hoffnung, Sehnen und Inspiration wachruft und, das Edelste von allem, Selbstaufopferung.

In dir selbst liegen alle Mysterien des Universums. Durch dein inneres Selbst, deine spirituelle Natur, hast du einen Weg, der zum Herzen des Universums führt. Wenn du vorwärts dringst auf jenem Pfade, der immer weiter nach innen führt, wenn du in dich gehen kannst, Schleier um Schleier der Selbstheit wegziehen, tiefer und immer tiefer in dich eindringen kannst, dann dringst du auch tiefer und immer tiefer in die wundersamen Mysterien der universalen Natur ein.

Wenn du dich selbst erkennst, schreitest du mit größerer Schnelligkeit vorwärts als der allgemeine Strom der Entwicklung dahingleitet; und wenn diese Geschwindigkeit auf das äußerste gesteigert ist, gibt es Initiationen, — „Abkürzungswege" —, doch nur für jene, welche geeignet und bereit sind, diese schwierigen, sehr schwierigen Abkürzungspfade zu begehen. Das Wachstum erfolgt schrittweise.

Dieser Pfad wird ein „Weg" genannt, er bedeutet jedoch das Aufschließen des Menschenherzens — nicht des physischen Herzens, sondern des Herzens seines Wesens, der Essenz des Menschen, mit anderen Worten die Erschließung und Entwicklung seiner spirituellen, intellektuellen und psychischen Kräfte und Fähigkeiten. Dies ist die Herzenslehre, die geheime Lehre, die Lehre, welche verborgen ist. Die Augenlehre betrifft das Sichtbare und ist mehr oder weniger offenbar.

Jene, deren innere Fähigkeiten und Kräfte mehr in wirksame Tätigkeit getreten sind und die bewußt zu handeln begonnen haben, jene, bei denen, als sie vom „jugendlichen" ins „reifere Alter" traten, sich auch ihre innere Natur weiter entwickelt hat — in irgendeinem Leben —, sind die Geeigneten, die Neophyten, deren Natur sich erschließt, deren Ohren zu hören und deren Augen zu sehen vermögen, was vor ihnen steht.

Jene, welche die Intuition von etwas Größerem in sich haben, von etwas Herrlichem und Erhabenem, von etwas, das der knospenden Blume gleich in Herz und Gemüt heranwächst, sie sind es, welche schließlich mehr sehen werden; sie sind die Initiierten, die zu den großen Sehern und Weisen werden.

Es gibt keine Bevorzugung in der Natur. Die alte, alte Regel ist eine wahre: Der Mensch bekommt, was er selbst zu erlangen vermag — *was er selber ist*.

Der Mensch ist ein untrennbarer Teil vom Universum, in dem er lebt und webt und sein Dasein hat. Es besteht keinerlei Trennung zwischen seinen Wurzeln und den Wurzeln des Universums; es liegt kein Zwischenraum zwischen ihnen. Dasselbe Universale Leben strömt durch alles, was da ist. Derselbe Bewußtseinsstrom, welcher in und durch das mächtige Ganze des Universums fließt, fließt deshalb auch durch den Menschen, einem untrennbaren Teil jenes Universums. Dies bedeutet, daß es einen Pfad gibt, auf welchem du in enge Beziehung zu dem Herzen des Universums selbst kommen kannst; und dieser Pfad bist du, dein eigenes inneres Wesen, deine eigene innere Natur, dein spirituelles Selbst. Nicht das Selbst des gewöhnlichen physischen Menschen, welches Selbst nur ein armseliger Widerschein des spirituellen inneren Glanzes ist, sondern jenes innere Selbst aus reinem Bewußtsein, aus reiner Liebe für alles, was da ist, unbefleckt von allem irdischen Makel — dein spirituelles Wesen.

Wenn du diesem inneren Pfade zu deinem inneren Gotte, deinem Höheren Selbste folgst, wirst du im Laufe der grenzenlosen

Zeit alle Mysterien und Wunder der unermeßlichen Unendlichkeit erlangen; und dein ganzes Wesen werden solches Glück, solcher Frieden, solche Seligkeit, Schönheit, Liebe und Inspiration erfüllen, daß jeder Hauch von dir eine Segnung und jeder Gedanke eine erhabene Inspiration sein wird.

Wie kann man sein Leben so führen, daß man auf diesem Pfade vorwärtsdringt? Ein reines Herz, ein lauteres Gemüt, ein scharfer Verstand, das Suchen nach ungetrübtem spirituellem Schauen: dies sind die ersten Stufen der goldenen Leiter, auf welcher du zum Weisheitstempel der Natur emporsteigen wirst.

Dieses „Leben des Lebens" hat nichts zu tun mit törichtem Büßertum wie Martern des Leibes und andern solch nutzloser Verfahren der Selbstzerstörung. Nicht im mindesten.

Man begegnet in der Welt der durchaus falschen Vorstellung, daß der Weg zur Erwerbung des „Himmelreiches" (um den gewöhnlichen christlichen Ausdruck zu gebrauchen) in der Aufgabe des Menschentums bestehe, daß der Weg zur Stärke durch die Torheit führe und der Weg zur Erreichung von göttlichem Frieden und Harmonie nur durch die Aufgabe des gesunden Menschenverstandes zu finden sei. Der sogenannte Asket ist auf dem falschen Pfad. Nie wird ein Mensch das „Himmelreich" lediglich dadurch erreichen, daß er nur von Kartoffeln und Rüben lebt, oder nachts nur eine halbe Stunde schläft, oder sich auf ein Stachelbrett legt, sich dieser Sache enthält, oder jene körperliche Tat vollbringt.

Oh, was ich von Menschen erzählen könnte, welche ihren Körper unterjochten, wie sie meinten, und dabei doch von niedriger Gesinnung und ganz und gar verdorben waren! Das Böse hat seinen Sitz nicht im Körper. Der Körper ist ein unverantwortliches Werkzeug deines Willens und deiner Verstandeskräfte. Deinen Willen und deine Verstandeskräfte mußt du schulen; denn dann erziehst du dich selbst, wirst zu einem wahren Menschen und bist auf dem Pfade zum Gottmenschentum.

Ertöte nicht deine Persönlichkeit; vernichte nicht deine Persönlichkeit, indem du sie auszulöschen versuchst. Du hast sie selbst ins Dasein gebracht; sie ist ein Teil von dir, der empfindsame und psychische Teil, der niedere geistige Teil, der leidenschaftliche Teil von dir, das Ergebnis einer äonenlangen Entwicklung in der Vergangenheit. Erhöhe die Persönlichkeit. Läutere sie, erziehe sie, mache sie wohlgestaltet und bringe sie in Übereinstimmung mit deinem höheren Wollen und Denken, nimm sie in Zucht, mache sie zum Tempel eines lebenden Gottes, sodaß sie zu einem geeigneten Gefäß, zu einem reinen und unbeschmutzten Kanal wird, durch welchen die glänzenden Strahlen des inneren Gottes in das menschliche Bewußtsein strömen können — diese glänzenden Strahlen, die Strahlen des Geistesbewußtseins, des spirituellen oder göttlichen Bewußtseins.

Nicht die Unterdrückung des Persönlichen macht den spirituellen Menschen frei, das Erhöhen des Persönlichen zum Spirituellen ist die Absicht der Evolution. Das ist dasselbe, was die natürliche Evolution in ihrem langsamen Werdeprozeß im Laufe der Zeitalter zu vollbringen bestrebt ist —: das Niedere zum Höheren emporzuheben, es aber nicht zu ertöten oder zu unterdrücken.

Sei so heilig, edel und rein, wie du dir nur vorstellen kannst. Dann kannst du deinen Körper vergessen. Dann kannst du deine Persönlichkeit vergessen, die durch den Körper zum Ausdruck kommt; und mit deiner Persönlichkeit meine ich alle deine niederen Fähigkeiten: der niedere geistige und der empfindende Teil von dir, deine Launen und alles, was drum und dran ist. Erlöse deine niederen Bestandteile, sodaß sie edleren und höheren Zwecken dienen können.

Wenn das Persönliche verwandelt, verklärt worden ist, wenn das Persönliche fähig ist, den erhabenen Einstrom des Gottes in dir mehr oder weniger zu offenbaren — deine eigene innere spirituell-göttliche Strahlenkraft —, dann wirst du auf Erden gleich einem Gott in Menschengestalt wandeln und einem Gotte gleich handeln. Denn jeder ist der irdische Ausdruck seines eigenen inneren Gottes; und du bringst auf der physischen Ebene soviel von der göttlichen Essenz, welche dein Wesen durchströmt, zum Ausdruck, als dir deine Entwicklung zu offenbaren gestattet. Deshalb zögere nicht länger, den inneren Gott zu offenbaren. Du kannst es, und wahrlich, der Lohn, der dann deiner harrt, ist unsagbar groß und schön!

In dem Maße, wie du dich mit deinem eigenen inneren Gott verbindest, mit jenem Quell des Göttlichen, welcher beständig dein inneres Wesen durchströmt, in demselben Maße erhöht sich dein Bewußtsein und nimmt zu an Macht und Umfassungsvermögen, sodaß Hand in Hand mit dem inneren Wachstum sowohl gesteigertes Schauen kommt, wie auch das geweitete Bewußtsein die Deutung des so Geschauten ermöglicht.

Wende deinen Blick nach innen, nicht nach außen! Das soll jedoch nicht bedeuten, daß du ausschließlich nach innen und niemals nach außen schauen sollst. Das ist damit nicht gemeint. Du mußt nach beiden Richtungen blicken. Doch such die Wahrheit nirgendwo anders als in der Fähigkeit, welche die Wahrheit erkennt, d. h. in deinem innersten Selbst, denn es allein kann die Wahrheit erkennen.

Der unruhige, von den Gedanken des Tages, von den Wünschen der Stunde, von so flüchtigen Vorurteilen und Ansichten erfüllte Gehirnverstand ist es, der dich am Schauen der Wahrheit, an der Erlangung des Erhabenen Schauens hindert; und mit nichts anderem ist er so sehr behaftet als mit diesen Dingen.

Du kannst die Wahrheit nicht erkennen außer mit Hilfe des erkennenden Prinzips; du kannst nichts außerhalb von dir verstehen, wenn nicht mit dem und durch das verstehende Prinzip in dir; und doch, was außer dir ist, ist auch gleichermaßen in dir, denn du bist ein untrennbarer Teil des Alls, du bist dessen Kind. Jede Wesenheit ist ein untrennbarer Teil des grenzenlosen Alls, weil sie sozusagen sein Sproß, sein Kind ist, Leben von seinem Leben, Blut von seinem Blute, Denken aus seinem Denken. Und den Weg zu diesem erhabenen Schauen und zu immer erhabenerem Schauen findet der, welcher nach innen schaut, der dem stillen, unscheinbaren Pfad des inneren Bewußtseins folgt. Das ist der Sinn der Aufforderung: Mensch, erkenne dich selbst!

Nichts kann dich dann in die Irre führen; nichts kann dich von dem abbringen, was du in deinem tiefsten Herzen bist; denn das Göttliche wird für dich kämpfen, das Göttliche wird deine Bürde tragen. Auch wenn dein Herz jetzt noch von Schmerzen und Leid zerrissen und gequält ist, sodaß du oft nicht weißt, wohin du dich wenden sollst, wird sich dann Frieden und Liebe in dein Herz senken, und sie werden dich führen und erleuchten und deinen Pfad zu den Göttern erhellen; und dieser Pfad bist du selbst, dein göttliches Selbst, welches im Göttlichen, im Herzen der Dinge verankert ist. Folge jenem Pfade, bis du als selbstbewußter Gott in das Leben des All-Göttlichen eintrittst.

Das Mittel, den Zugang zu diesem Pfade zu finden, das Mittel, ihm näherzukommen, ist Selbstvergessen, geradeso wie alle kleinen und persönlichen Dinge von dir abfallen, wenn du auf den fernen Bergesspitzen den Schein der Morgendämmerung siehst. Der sich selbst vergessende Mann ist groß; die sich selbst vergessende Frau ist erhaben. Das Selbstvergessen (wie paradox dies scheint!) ist der Weg zum Finden des Göttlichen Selbstes.

Jede Fähigkeit der menschlichen Natur muß bei diesem hohen und erhabenen Werke herangezogen werden. Keine unvollkommene Wesenheit kann die Höhen des Parnassus erklimmen, kein Menschenwesen kann den Gipfel des Olymps ersteigen, es sei denn den Göttern ähnlich geworden und befände sich auf dem Wege der Entwicklung aus dem Menschlichen zum Göttlichen.

Deshalb muß die Verstandeskraft, eine der edelsten Kräfte in der inneren Konstitution des Menschen, ebenfalls entfaltet werden. Wie das Empfinden muß auch das Verstehen seinen Platz haben. Beide sind notwendig. Wenn diese beiden verbunden und harmonisch aufeinander abgestimmt sind, dann ist der Weise und Seher fertig. Du kannst die Höhen nicht erreichen, wenn du einen Teil von dir drunten im Tale läßt. Du mußt emporsteigen — dein ganzes Wesen. Schule dein Gemüt, schule deinen Willen, schule dein Herz, schule deinen Verstand.

Wenn du dich deinem größeren Selbste zuwendest, welches der höhere Teil deiner Konstitution ist, wenn du zum inneren Buddha, zum inneren Christus geworden bist, dann magst du wohl die physische Persönlichkeit und die mentale Persönlichkeit aufgeben wie all jene hemmenden Dinge, welche dich peinigen und quälen und dir Leid und Unannehmlichkeiten bereiten und kannst in das erhabene Licht des Geistes treten und das Persönliche verlieren, um das Göttliche zu empfangen. Es ist des Lohnes wert, alles um seinetwillen hinzugeben; wenn ein Mensch sein Leben dahingibt um des inneren Christus willen, dann wird er ihn finden, weil er dadurch in das Universale Leben eintritt.

Wenn du so handelst, dann verlierst du nichts von wesentlichem und wirklichem Werte. Du gibst nichts auf, was wertvoll, schön und edel ist. Was du tust, ist ein Abwerfen der Fesseln und Ketten, welche deine inneren Kräfte binden. Was du tust, ist das erste Hinausschreiten in die Freiheit und ins Licht.

Wer möchte freiwillig in einem Kerkerverlies bleiben? Gib dein persönliches, niederes, materielles Selbst auf, dein selbstisches Leben auf dieser groben, stofflichen Ebene, und du wirst anfangen, das Dasein des ewigen Lebens zu ahnen, mit seinem Gefolge von all der Weisheit und Macht, mit all den gesteigerten Kräften und größerem Schauen, welches dir dann zufallen wird.

Dort, in dem fernen mystischen Osten, auf den Bergesspitzen des Geistes wirst du die aufgehende Sonne erblicken. Du selbst wirst eingehen ins Licht und in die Freiheit.

Du wirst niemandem untertan, niemandem zu Gebote sein, du wirst ein freier Mensch sein: geistig frei, intellektuell frei; denn dann wirst du eins geworden sein mit der spirituellen Natur. Du wirst in den Tempel des Heiligen - in deinem innersten Herzen eingegangen sein, und dort, im Allerheiligsten, wirst du deinen eigenen inneren Gott erschauen.

Oh, wie wundervoll, heilig, erhaben und inspirierend wie keine andere ist diese Wahrheit: daß in einem jeden ein namenloser Brunnquell der Stärke, der Weisheit, der Liebe, des Mitleids, des Verzeihens, der Reinheit ist! Verbinde dich mit diesem Urquell der Stärke; er ist in dir, niemand kann ihn je von dir nehmen. Sein Wert ist kostbarer als alle Schätze des Universums, denn wenn du ihn erkennst und eins mit ihm wirst, bist du zum All geworden.

Eine leitende Intelligenz tritt uns deutlich in allen Dingen entgegen. Was in den Sternen ist, ist auch in den Blumen zu unseren Füßen; und die unbewußte Erkenntnis dieser Qualität des Schönen läßt den Dichter von der Blume als einem Stern der Schönheit sprechen. Dieselbe Lebenskraft durchpulst Blume und Stern. Dieselbe helle Flamme der Intelligenz gibt ihr ihre erlesene Form, Gestalt und Farbe, und dieselbe helle Flamme der Intelligenz lenkt auch den Zug der Sterne auf ihrem Himmelsgange.

2.

ALTER, KRANKHEIT UND TOD

ALTER, KRANKHEIT UND TOD

Wie schön ist die Welt, die uns umgibt! Der Sonnenaufgang über den östlichen Bergesspitzen ist eines der schönsten und herrlichsten Erlebnisse, die ich kenne.

Er ist so schön, weil er in uns eine Harmonie des Verstehens wachruft, die der Schönheit der Natur am Morgenhimmel entspricht. Alle Schönheit ist deshalb im Bewußtsein des Schauenden, wo in einem sehr wahren Sinne überhaupt alle Dinge sind, die wir erkennen.

Niemand kann äußere Schönheit wahrnehmen, der nicht Schönheit in sich trägt. Niemand kann das Schöne verstehen, es sei denn, er selbst ist in seinem Innern schön. Niemand kann Harmonie verstehen, der nicht in seinen inneren Teilen Harmonie ist. Alle Dinge von Wert sind in dir, und die Außenwelt gibt dir nur den Anreiz zur Betätigung der Fähigkeit des Verstehens in dir.

Es ist Schönheit im Verstehen, und Verstehen kommt nur aus einem verstehenden Herzen, so widerspruchsvoll das auch anfangs klingen mag. Das verstehende Herz besitzt die Kraft des Schauens.

Der Seher ist bestrebt, das Auge des Schauens in sich zu öffnen, und die Natur spricht zu ihm in Tönen, welche mit jedem Jahre herrlicher und schöner erklingen, da er innerlich wächst. Sein Verstehen gewinnt an Breite und Tiefe. Das Flüstern der Bäume, das Rauschen der Blätter, der Anprall der Wellen am Gestade, das Zirpen des Heimchens, das Girren der Taube, der Klang einer menschlichen Stimme, so mißtönend sie oft auch sein mag — enthalten Wunder für ihn. Er erkennt seine Verwandtschaft mit allem, was da ist; er nimmt wahr, daß er nur ein Element ist in einem wunderbaren Lebensmosaik, dem er unzertrennlich eingegliedert ist, und daß in dem Maße, wie die Fähigkeit des Schauens wächst, dasselbe immer schöner und erhabener wird; er weiß nun, daß dort die erhabene Vision ist und strebt danach, sie immer klarer zu erschauen.

Von jedem Baume, von jeder Blüte, von jedem Sandkorn, das unter deinem Fuße knirscht, von allem, was da ist, könntest du lernen, wenn du das Auge des Schauens hättest. Hast du nie in den Kelch einer Blume geblickt? Hast du nie der Schönheit, dem Ebenmaß und der Herrlichkeit, die dich umgeben, tieferes Nachdenken gewidmet? Hast du nie die Morgen- oder die Abendsonne betrachtet und den Farbenglanz am östlichen oder westlichen Himmel bewundert? Hast du nie einem Menschenwesen tief ins Auge geschaut, hast du nie mit sehendem Auge auf deine Artgenossen geblickt? Hast du nie dort Wunder entdeckt? Wie wunderbar ist die Welt, von der wir umgeben sind!

Und doch, trotz all der Schönheit, die uns umgibt, tut das Herz weh, und tiefe Niedergeschlagenheit bemächtigt sich des Gemütes bei dem Gedanken an der Menschheit Jammer, der aus den drei düsteren Worten spricht — Alter, Krankheit und Tod.

Lerne das Gemüt beherrschen. Der Mensch ist der Götter Sproß, und sein Gemüt sollte gottähnlich, sein Denken himmelstrebend sein, sein Herz sollte sich immer mehr in Liebe öffnen; und gottähnlich sollte deshalb auch seine Haltung sein.

Tritt ein in die stillen Tiefen deines Herzens, tritt ein in die schweigsamen Kammern deines inneren Wesens. Bald wirst du lernen, an der Türe deines eigenen Herzens anzuklopfen. Die Übung macht den Meister. Intuition wird dir dann werden. Erkenntnis wird sofort in dir erwachen. Plötzlich wird dir Wahrheit aufleuchten. Das ist der Weg, das ist die Lehre.

An diesen Stätten des Schweigens wird dir Erleuchtung, und du wirst des Schauens der Wahrheit teilhaftig, weil dein Geist — dein innerstes Herz und Selbst — eingegangen ist in das Innerste alles Seins, aus dem es stammt, von dem es nie getrennt ist, von dem es einst ausging und mit dem du in unmittelbarer, steter Verbindung stehst.

Erkenne diese wundervolle Wahrheit; nimm sie zu Herzen; denn es gibt unerschöpfliche Quellen der Weisheit, der Erkenntnis und der Liebe — ja, und der Macht — Macht über das Selbst zu allererst, und das bedeutet Macht über die Natur, in welcher wir leben und weben und unser Dasein haben. Denn der Kern deines Wesens ist der innere Gott, der göttliche

Geist, der Christos-Geist, die buddhische Strahlenkraft in dir.

In diese Friedensstätte der Seele, in dieses Reich der Herzensstille, in das Allerinnerste des menschlichen Wesens treten die Großen ein, wenn sie nach mehr Licht und größerer Erkenntnis verlangen; denn damit treten sie auch in den inneren Aufbau und das Gewebe des Universums ein und erkennen die Wahrheit aus erster Hand, weil sie mit ihrem Gemüt und ihrer Intelligenz — mit dem Organ der Sinndeutung — eins mit jenem All werden und sich im Gleichklang, in gleichem Rhythmus mit den Schwingungen auf allen Ebenen der Ewigen Mutter halten. Dort werden sie eins mit dem All und erkennen deshalb die Wahrheit unmittelbar.

Das Alter braucht dich nicht in Furcht versetzen. Wer recht gelebt hat, wer ein reines Leben geführt und hohe Gedanken gehegt hat, wird, wenn er ins Alter kommt, wenn die körperlichen Kräfte abnehmen und die stofflichen Schleier dünn werden, sehen, und mit dem Sehen erkennen. Sein Schauen wird hinter den Schleier des Stoffes dringen, denn er wird mit den Mysterien hinter jenem Schleier langsam vertraut, den die Menschen Tod nennen.

Die Seele trennt sich nicht jählings vom gealterten Körper. Die Trennung, das Zurückziehen ist vielmehr ein allmähliches. Sie vollzieht sich während eines gewissen Zeitraumes, den man vielleicht als Übergangsperiode bezeichnen könnte und dessen Länge vom Vorleben des Einzelnen abhängt. Damit wird auch das Zunehmen der sogenannten physischen Alterserscheinungen erklärt. Im allgemeinen und bei normalem Verlauf geht dieses Zurückziehen der Seele friedlich und ruhig vor sich. Es ist die Weise der Natur, den Tod als stillen Wohltäter, als Bringer von Frieden und Harmonie eintreten zu lassen.

Der Tod ist Geburt, *Geburt;* und anstatt des Losreißens, das freilich bei Todesfällen in jugendlichem Alter stattfindet, kommt der Tod zu unseren Alten in Frieden und Stille; er schleicht sich wie ein Gnadenengel in ihr Wesen ein und löst die Bande, welche die Seele an ihr Gehäuse aus Fleisch und Bein bindet; und der Übergang ist ebenso ruhig und sanft wie das Hereinsinken der Abenddämmerung vor der Nacht und ist ein seliger Schlaf.

Jeder Mensch ist imstande, ein schmerzliches Alter zu vermeiden oder seine Beschwernisse wenigstens beträchtlich zu mindern; und dies ist erreichbar durch einen menschenwürdigen Lebenswandel, durch ein Leben im Höheren Selbste, nicht aber dadurch, daß er die Befriedigung der Bedürfnisse seines Körpers und die Begierden zu seinen Idealen macht. Dann kommt das Alter sachte zu dir, bringt Segnungen mit sich und steigert alle höheren Fähigkeiten und Kräfte, sodaß sein Kommen durchklungen ist von den Harmonien einer anderen Welt, schön in seinen Lichtblicken von Wahrheit und Herrlichkeit.

Das Alter ist ein Segen, wenn das vorangehende Leben recht geführt wurde. Es bringt außerdem noch manche sonst unerreichbare Dinge mit sich, wie die Weitung des Bewußtseins, von der die Jugend nichts weiß. Es bringt mit sich gesteigerte Kraft des Denkens, welche der weniger entwickelte Mensch, die Jugend, der Mensch im mittleren Lebensalter wegen ihrer Reichweite nicht versteht und deshalb für vage Verallgemeinerungen eines Großvaters hält. Der Großvater ist indes in diesen Verhältnissen der Wahrheit näher und sieht mehr als das noch unentwickelte Auge der Jugend. Ein schönes, hohes Alter bringt eine Weitung der Seele mit sich, nicht nur des Intellekts, sondern auch des spirituellen Bewußtseins und seines Schauens.

Doch manchmal, wenn das Leben von groben sinnlichen Begierden beherrscht war, wenn sozusagen die Bande, welche die Seele an den Körper fesseln, durch Nachgiebigkeit den groben Begierden gegenüber stark mit dem Gehäuse aus Fleisch verwachsen sind, dann ist der Tod selbst im Alter schmerzvoll; denn das natürliche, langsame Zurückziehen der Seele hat nicht stattgefunden, oder wenigstens nicht in so hohem Maße; auch ist, wenn der Tod schließlich ein Ende macht, meist kein besonders hohes Lebensalter erreicht worden.

Das Alter ist nicht etwas, vor dem man sich fürchten müßte. Es ist ein Segen. Es ist wie ein Lichtschein, der durch einen Schleier schimmert, ein Abglanz des jenseitigen Lebens, des höheren Lebens, des Lebens, in dem das höhere inkarnierende Ego tatsächlich lebt, ein Schattenbild kommender Ereignisse, die ihren Schatten vorauswerfen, die Schatten des kommenden Glanzes: das ist das schöne Alter!

Krankheiten, das zweite der Übel, welche die Menschheit heimsuchen, sind Reinigungsprozesse, und für die Menschen unseres gegenwärtigen unvollkommenen Entwicklungszustandes sind sie in vielen, vielen Fällen ein vom Himmel geschickter Segen. Sie heilen von der Selbstsucht. Sie lehren Geduld. Sie führen das Denken zu einer Betrachtung der Schönheit des Lebens, der Notwendigkeit rechter Lebensführung. Sie erziehen zu Güte und Wohlwollen.

Betrachte den Durchschnittsmenschen in seinem gegenwärtigen unvollkommenen Entwicklungszustand, mit seinen Leidenschaften, seinem unbeherrschten Gemütsleben, seinem wilden Begehren nach Sinnesempfindungen, nach mehr und immer mehr Sinnesempfindungen. Bedenke einen Augenblick: wenn die heutigen Menschen, so wie sie sind, Körper hätten, die gegen Krankheit gefeit wären, und nicht durch Ausschweifungen geschwächt und getötet werden könnten. Siehst du nicht, daß die Dinge, so wie sie sind, etwas recht Gutes an sich haben? Krankheiten sind in Wirklichkeit Warnungen an uns, daß wir unsere schlechten Gedanken ändern und in Übereinstimmung mit den Naturgesetzen leben sollen.

Denke daran, daß nicht eine äußere und tyrannische Natur uns mit Krankheiten heimsucht; Krankheit ist in jedem Falle das Ergebnis oder die Folge unseres unrechten Handelns, von schlechten Gedanken und von üblen Taten entweder in diesem oder in einem früheren Leben. Krankheiten mit ihrem Gefolge von Schmerzen und Leiden sind unsere besten, warnenden Freunde: sie erweichen unser Herz, sie weiten unser Gemüt, sie geben uns eine Gelegenheit zur Schulung unseres Willens und ein Betätigungsfeld für unsere moralischen Neigungen. Sie flößen uns auch Mitleid und Erbarmen für andere ein.

Es ist wahr, daß jeder einzelne von uns selbst verantwortlich ist für seine Krankheiten und für sein Mißgeschick. All das Mißgeschick, das uns im Leben begegnet, haben wir selbst verursacht. Wir haben es verdient, denn wir haben es auch erzeugt. Es kommt über uns, es trifft uns und wir empfangen damit nur die Wirkung, das Ergebnis der Saaten von Gedanken und Handlungen, die wir in der Vergangenheit gelegt haben — eine wunderbare Lehre: Karman!

Doch „gut" und „übel" sind relative Begriffe. Wir nennen Dinge „gut", wenn sie uns gerade gefallen, und wenn sie uns nicht passen, sagen wir, sie sind „übel". Und doch erwies sich gerade das, was dir nicht behagte, in manchen Fällen als etwas sehr Segensreiches, brachte dir Glück und Gedeihen, oder es verlieh dir wenigstens Charakterstärke, und dies ist mehr wert als alle Schätze der Welt. Es gab dir Einsicht, erschloß die Kräfte deines Herzens, lehrte dich denken, kurz, es machte einen Mann aus dir.

Nichts stößt uns zu, was wir nicht selbst am Anfang verursacht haben. Wir streuten die Samen. Jetzt sind die Saaten in uns aufgegangen und wir sagen: Ich kann nicht verstehen, wie mir Derartiges zustoßen konnte. Doch es ist da; und wenn du es in der rechten Weise nimmst, ihm recht begegnest, dich richtig dazu stellst und es als das ansiehst, was du selbst gewählt haben würdest, wirst du zu einem Mitarbeiter des Geschicks: Glück, Wachstum und Stärke werden dir zuteil, und Weisheit geht in deinem Herzen auf.

Ich will es noch klarer machen an dem Beispiel eines außergewöhnlich guten und edlen Menschen. Plötzlich wird er, sagen wir, um es drastisch darzustellen, von einer schauderhaften, schrecklichen Krankheit befallen. Nichts in seinem jetzigen Leben hat, soviel er weiß, dies verursacht. Ganz plötzlich und auf unerklärliche Weise wird er niedergestreckt, sodaß er sich eine Zeitlang selbst verabscheut und seine Seele sich in ihren Qualen zu den Göttern wendet, deren Ohren für ihn aber taub sind, und er sagt: „Was habe ich getan, daß mir dies zustoßen mußte?" Sollen wir sagen, er sei ein schlechter Mensch gewesen? Nein, er ist ein guter Mensch; doch dies ist ein Fall, wo frühere Saaten, Gedanken- und Gefühlssaaten und Schwächen in vergangenen Leben nicht zum Durchbruch, nicht zur Reife gekommen waren; jetzt aber brechen sie hervor. Jetzt gehen sie auf. Vielleicht wollten sie schon im vergangenen Leben aufgehen, doch war dieser Mensch ein Feigling und dämmte sie auf die eine oder andere Art durch sein Denken zurück und schob so das Leiden auf einen späteren Tag hinaus.

Die Lehre hieraus ist deshalb diese: wenn

Leid und Ungemach über dich kommen, wenn Unglück dein Herz peinigt, wenn es scheint, als stünde die ganze Welt gegen dich auf, dann sei ein Mann. Nimm es beherzt auf dich und bring es hinter dich, sodaß du in kommenden Zeiten, wenn dein Charakter stärker und besser geworden ist, nicht mit noch ungekeimtem Samen karmischen Geschicks behaftet bist, welcher dann aufgehen und dir weit größeres Unglück bringen wird, als es jetzt der Fall sein könnte.

Es hat große und edle Menschen gegeben, Jünger des Pfades und fortgeschrittene Schüler, denen solches zugestoßen ist. Alte karmische Schicksalssamen, unterdrückt, zurückgehalten, durch den Willen zum Verschwinden gebracht, kamen zum Durchbruch und zerstörten scheinbar ein edles Leben.

Deshalb, wenn das Leiden kommt, wenn der Kummer in deinem Leben auftaucht, wenn Schmerzen dich heimsuchen, so nimm sie zu Herzen, denn sie sind Wecker. Vergnügungen lullen dich in Schlaf, die sogenannten Freuden lassen dich einschlummern. Leid und Kummer und Schmerzen — Veränderungen in deinen Lebensumständen, die dir nicht behagen — diese drei sind deine Erwecker. Oh, daß du das erkennen mögest! Es wird dir Stärke verleihen und Frieden; es wird deinen Geist erleuchten, sodaß du den Problemen des Lebens erfolgreich begegnen kannst, es wird dir Trost und Hilfe bringen.

Erinnere dich, es ist nur das Endliche, welches leidet; ebenso ist es auch das Endliche, welches liebt; nur das Endliche, weil es lernt. Es lernt und wächst, wie klein oder wie groß es auch immer sein mag, Insekt oder Gott, Übergott oder Erdenatom: alle lernen und wachsen und gehen deshalb durch Zustände von Wohlsein und Glückseligkeit wie durch Schmerz und Leiden.

Alles, was *ist*, ist eine Gelegenheit für das schauende Auge und für das verstehende Herz, eine Gelegenheit zum Lernen, was Wachsen bedeutet; und wenn man erkennt, daß Schmerz und Leiden zwei von den Mitteln sind, durch welche wir wachsen, dann kommt Friede ins Herz und Ruhe ins Gemüt.

Was macht die majestätische Eiche zu dem, was sie ist? Ist es der säuselnde Zephyr und der sanftrieselnde Regen? Die Eiche wäre schwach und biegsam wie die

Weide, wenn es so wäre. Nein, Sturm und Ungewitter müssen sich an der Eiche versuchen, und hieraus erwächst ihr Widerstandskraft und Stärke. Im Kampfe mit Sturm und Orkan entwickelt sie ihre Stärke.

Die Menschenkinder lernen viel rascher als die Pflanze, die man ja unbeseelt nennt. Nichts lernt so rasch und leicht als des Menschen Herz. Deshalb schrick nicht zurück vor Schmerz und Leiden, denn sie sind bessere Lehrer als Glück und behagliches Zufriedensein. Das letztere ist fast Selbstmord in spirituellem Sinne, wenn du nämlich mit dir so behaglich zufrieden bist, mit dir und dem, was du bist, sodaß du schläfst. Doch die Natur will es nicht immer so haben. Schließlich kommt der karmische Impuls, der karmische Anreiz und dann leidest du ein wenig, aber nur um aufzuwachen und zu wachsen. Preise dich glücklich, wenn Karman dich aufrüttelt, und sei nicht bange davor. Blicke auf den göttlichen Wesenskern in dir. Denke daran, daß alles, was geschieht, vergänglich ist und daß du aus allem lernen kannst und dadurch wachsen wirst — zunimmst an Größe, und dich zu immer größerem Sein entfaltest.

Es ist nichts als ein Kampf des SELBSTES

gegen das Selbst: nicht so sehr ein gegenseitiges Bekämpfen, als ein immerwährendes Standhalten gegen starke störende Einflüsse, und dies ist in gewisser Weise ein spirituelles Exerzitium. Diese Übung macht uns stark, gewandt und kampfgeübt, bereit und fähig, noch größere Proben zu bestehen, größeren Schwierigkeiten standhaft entgegenzutreten. Der größte Freund, den wir haben, der edelste Reiniger von allem ist Leid, ist Schmerz; denn Herz und Gemüt müssen durch Schmerzen geläutert werden, genau so, wie Gold im Feuer geläutert wird.

Wir Menschenkinder haben dies im allgemeinen nicht gern. Wir gleichen in dieser Hinsicht kleinen Kindern. Nichtsdestoweniger verhält es sich so, und wenn wir darüber nachdenken, lernen wir bald, daß der wahre Mensch die Prüfungen und Schwierigkeiten des Lebens mit frohem Mute besteht.

Eine schöne, nützliche Regel ist die folgende: Was auch immer dir zustößt, trage es als ein Mann. Betrachte es als gerade das, was du selbst auch gewollt hättest — und gewinne Frieden daraus. Es wird vorübergehen, es wird sich auswirken. Es ist eine gute, praktische Regel des Moralgesetzes: Jammere nicht, wende dein Antlitz dem Mystischen Osten der Zukunft zu, wappne dein Herz mit Mut und denke daran, daß du vom Stamme und Geschlechte der unsterblichen Götter bist, die das All leiten und lenken.

Es gibt tatsächlich Zeiten im Leben, in denen uns das Höhere Selbst wirklich auf Pfade der Prüfung führt, damit wir durch ein erfolgreiches Bestehen der Prüfungen wachsen. Aber das Höhere Selbst ist immer mit uns, uns beständig warnend durch Ahnungen und Eingebungen, daß wir mutig sein und das Leben kühnlich meistern mögen, daß wir wahr, rein, stark, aufrichtig seien; und gerade dies sind die Eigenschaften der menschlichen Natur, welche, wenn sie unentwegt zum Ziel des Strebens gemacht werden, uns vor Unheil bewahren. Das einzige Unheil, das die Geistseele des Menschen kennt, ist Schwachheit, Versagen, Entmutigung. Körperliches Ungemach wie andere Drangsale des physischen Lebens sind oft verkappte Segnungen. Das Höhere Selbst lehrt uns, diesen mit rechtem Mute zu begegnen und sie siegreich zu überwinden.

Die innere Freude ist es, die uns zum Siege führt, das Gefühl, daß wir's nicht erreichen können, ehe wir es denn *wollen*. Und dies könnte nicht so sein, wenn das Herz des Alls nicht Harmonie und Liebe wäre, denn das Herz der Dinge ist himmlischer Friede, Schönheit und Liebe.

Deshalb gedenke dieser Wahrheiten, wenn Schmerz und Leiden über dich kommen. Raffe dich auf, ermanne dich! Trotze dem Sturm, und ehe du dich dessen versiehst, wirst du blauen Himmel über dir haben, Erfolg und Gedeihen, denn du hast als ein Mann gehandelt. Du bist durch die Prüfung gegangen und sie hat dir Stärke verliehen.

Alle physischen Krankheiten haben ihren letzten Grund in einer falschen Lebensanschauung, in einer falschen Willensrichtung des einzelnen. Deshalb haben alle Krankheiten — nicht erst, wenn sie eine physische Ausdrucksform angenommen haben und ihr leidvolles Werk verrichten, sondern schon vorher ihren Ursprung im Gemüt, herrührend aus diesem oder einem früheren Leben. Willensschwäche, Nachgiebigkeit schlechten Gewohnheiten gegenüber, den Erzeugern von Gedankensamen, welche im Gemüt Gedankenniederschläge zurücklassen, schwächen den Charakter. Ein schlechter oder falscher Gedanke offenbart sich in einem Körper und zerstört ihn schließlich durch schlechte Gewohnheiten. Und Kritiksucht, Pessimismus, Klagesucht und Tadelsucht sind in wahrstem Sinne des Wortes Gemütskrankheiten.

Jeder Weise und Seher hat dasselbe gelehrt: Reinige den Tempel des heiligen Geistes, treibe die Dämonen der niederen Natur hinaus. Welches sind diese Dämonen? Deine eigenen Gedanken.

Unharmonische Gedanken vergiften nicht nur die Luft, sondern auch dein Blut, sie vergiften deinen Körper, und Krankheit ist die Folge. Was sind unharmonische Gedanken? Es sind selbstische Gedanken, böse Gedanken, niedrige Gedanken, mürrische Gedanken; und sie entstehen in einem Herzen, das keine Liebe hat. Vollkommene Liebe im Menschenherzen führt zum Aufbau eines starken, von Natur reinen Körpers, weil dein Inneres seelisch und moralisch rein ist, harmonisch in seinen Funktionen; denn in diesem Falle sind Gemüt, Seele und Geist — der wahre Mensch — in harmonischem Zusammenwirken. Der Körper spiegelt nur das wieder, was du selbst bist.

Du machst dich jetzt in hohem Maße zu dem, was du in zehn Jahren sein wirst. Du magst dann eine Krankheit überwunden haben, welche du jetzt noch nicht hast. In jedem dieser Fälle bist du selbst der Verantwortliche. Das sicherste Vorbeugemittel gegen Krankheiten ist eine selbstlose Seele, die durch ein selbstloses Gemüt wirkt — ein selbstvergessendes Herz. Nichts bringt so rasch Krankheiten über einen Menschen, als die Selbstsucht mit ihrem Gefolge von Versuchungen und das Unterliegen diesen Versuchungen gegenüber. Sei völlig selbstlos und aller Reichtum der Welt ist dein: Reichtum an Gesundheit, Reichtum an innerem Schauen, Reichtum an irdischen Gütern, Reichtum an Macht, Reichtum an Liebe, Reichtum an Können, Reichtum an allem.

Wenn die Gedanken durch das Gemüt gleich wilden Rossen jagen, so mühe dich nicht ab, du vergeudest dabei deine Kräfte. Male dir in deinen Gedanken Bilder aus vom Gegenteil der Dinge, welche du verabscheust. Male dir die Dinge aus, welche du wirklich innerlich liebst, die du wirklich in deinem Herzen mit Liebe hegst und welche du als hilfreich erkennst. Das Geheimnis liegt in der Fähigkeit, hehre Gedankenbilder zu entwerfen, in der Gestaltungskraft. Gebrauche sie deshalb recht!

Wenn du dich in düsterer Stimmung befindest, wenn du dich der Gedanken schämst, die in deinem Gemüt auftauchen, so mühe dich nicht mit ihnen ab, bekämpfe sie nicht, sondern vergiß sie einfach. Sie sind nichts als Trugbilder, die aus deiner eigenen Vergangenheit zu dir kommen. Du aber wende dein Antlitz gen Osten und schaue zur aufgehenden Sonne. Laß die Visionen in ihrem Glanze erstehen. Siehe die Bergesspitzen deiner Natur, auf denen die rosenfingrige Aurora der inneren Morgendämmerung das Gewebe ihrer wundersamen Zaubermacht vor deinen Augen erstehen läßt.

Hier liegt das Geheimnis deines Sieges. Dies ist der beste, der leichteste Weg, und du kannst ihn gehen, weil du durch die Kraft deiner Gedankenbilder und deines Willens der Schöpfer deines eigenen Geschickes bist. Dadurch tritt die schöpferische Fähigkeit in dir in Wirksamkeit. Dies ist eine so einfache Regel. Und doch ist sie die Botschaft der Weisen aller Zeiten.

Vergiß die üblen Gedanken und gib ihnen nicht ein künstliches Leben, indem du sie als Erinnerungsbilder in deiner Vorstellung erstehen läßt, um sie dann zu bekämpfen. Vergeude deine Energien nicht im Kampfe gegen Unholde, die Gaukeleien und Gespenster deiner Einbildung. Dies sind nur die Trugbilder deiner eigenen Einbildungskraft und sie haben außerhalb von dir keine Wirklichkeit. Doch können dich diese Erscheinungen und Gespenster manchmal überwältigen und können zu einer zeitweiligen Wirklichkeit werden, weil du ihnen das Gerüst und die Macht der Gedanken gegeben hast. Du kleidest diese Dinge in Gedanken ein, und Gedanken jener Art werden deinen Körper dann beherrschen.

Stelle dir das Gegenteil vor. Male Bilder von Schönheit und Stärke in deinem Gemüt. Wenn du von diesen häßlichen Zerrbildern heimgesucht wirst, so male dir schöne Dinge aus. Das ist viel angenehmer und anziehender. Es ist ein wunderschönes Bestreben und es ist immer wirksam. Schaue Dinge hoher und erhabener Art und stelle sie mit aller Kraft vor dein inneres Auge. Stelle dir vor, du habest Erfolg in edlen Dingen. Male dir etwas aus, was von Schönheit und innerem Glanze erfüllt ist.

Das Gemüt kann durch hohe und erhabene Gedanken veredelt werden. Selbst der Arbeiter kann, während seine Hände beschäftigt sind, in Gedanken die Linie seiner Ahnen bis zu den Göttern im endlosen Raume verfolgen und das erhabene Gefühl seiner göttlichen Abkunft sozusagen durch die Adern seiner Seele fluten lassen. Dabei kann er ein tüchtiger Mann sein.

Bringe deine Gedanken zum Schweigen. Das bedeutet nicht, daß du mit dem Denken aufhören, sondern daß du deine Gedanken beherrschen und bemeistern sollst. Sei nicht der Sklave jener umherschweifenden Gedankengesellen, die dein Gemüt zu ihrem Tummelplatz machen; sei ein Mann! Erzeuge Gedanken und lenke diese deine Gedankenkinder. Und wenn sie unfolgsam werden, so setze ihnen einen Dämpfer auf. Bringe sie zum Schweigen.

Sei ein Denker, doch nicht so sehr durch Gedanken als durch Sinnen. Mit anderen Worten: Unterlasse die ruhelose Tätigkeit deines Gehirnverstandes und tritt ein in die inneren Kammern deines Herzens, in die Tiefen deines Bewußtseins, in die heilige Stätte im Innern und erschaue das Licht. Empfange das Licht. Bringe deine Gedanken zum Schweigen und tritt ein in das bewußte Sein.

Untersuche deine eigenen Gedankenvorgänge und sieh, wieviel Zeit du mit bloßem Hervorbringen von Gedanken vergeudest, — Gedanken meist ohne jeglichen Wert —, und wie du darüber versäumst, aus jenem erhabenen Urquell der Erkenntnis, der Weisheit und des Bewußtseins zu trinken, den du in dir hast, dem Quell der Inspiration und des Genius, von jenen Geistesquellen, jenen elysischen Brunnen, denen alles entströmt, was dem Leben Wert verleiht.

Es gibt ein Kennzeichen, nach welchem man bestimmen kann, ob irgend ein Gedanke vom Höheren Selbst kommt oder lediglich einem selbstischen Verlangen entspringt oder von einem solchen gefärbt ist. Folgendes ist das Kennzeichen, und es ist leicht unterscheidbar: Das Höhere Selbst ist unpersönlich, selbstvergessend, gütig, liebevoll, mitleidsvoll, erbarmend; es hat erhabene Inspirationen. Die niedere Natur ist selbstsüchtig, eigensüchtig, habgierig, oft gehässig, unversöhnlich, heftig.

Das Höhere Selbst ist eine spirituelle Wesenheit und schwebt sozusagen über dem Schlamm des niederen Selbstes, wie die Sonne über der Erde leuchtet. Das Höhere Selbst hat einen gewaltigen Einfluß auf das niedere Selbst; doch das niedere Selbst hat auf das Höhere Selbst keinerlei Einfluß, weder direkt, noch indirekt. Das niedere Selbst hat jedoch gewaltigen Einfluß auf das menschliche Selbst, die Zwischennatur im Menschenwesen.

Wenn das, was in dein Gemüt tritt oder durch deine eigene Willenskraft und dein Streben hineinkommt, dich zu guten Taten deinen Mitmenschen gegenüber antreibt, dir inneren Frieden und Trost bringt, dich gütiger und rücksichtsvoller gegen andere macht, so stammt es aus dem höheren Teil. Dieser höhere Ansporn mag ein Verlangen sein; doch ist es kein Verlangen zugunsten der eigenen Persönlichkeit; es ist ein geistiges Verlangen, ein Verlangen nach Größerem und Besserem, ein Bestreben, anderen zu helfen, zu lieben, Übles zu vergessen und zu vergeben.

Ein gütiger Gedanke, einem anderen

Menschen zugesandt, ist ein Schutz für denselben; und es ist ein köstlich Ding, solches zu tun. Es zeugt von Menschentum, von wahrem Menschentum, und jeder normale Mensch tut es gerne. Es gibt wenig Dinge, die für Herz und Gemüt so erquickend sind, als das Gefühl, daß wir heute wenigstens nicht unfreundlich in unseren Gefühlen oder Gedanken gegen andere, sondern hilfreich, gütig, rücksichtsvoll und unpersönlich gewesen sind.

Das Säen von Gedankensamen ist eine Handlung, die voller Verantwortlichkeit ist. Jeder, der Gedankensamen in das Gemüt seiner Mitmenschen sät, wird durch natürliches Gesetz zu strenger Rechenschaft gezogen. Die Natur ist keine Anarchie; sie wird überall vom Gesetz von Ursache und Wirkung beherrscht — von Karman.

Während dies einem jeden, der andere lehrt und so Gedanken- und Gefühlssamen in ihr Gemüt streut, eine ernste Verantwortung auferlegt, so muß man andererseits auch fragen: Was ist der Lohn eines edlen Werkes? Der Lohn, die Belohnung ist herrlich!

Hüte deine Gedanken wohl und beachte ebenso sorgfältig, was du sagst. Sprich wenig, doch wenn du redest, so sprich im vollen Bewußtsein deiner Verantwortlichkeit.

Was ist ein Gedanke? Ein Gedanke ist ein Ding, er ist eine lebende Wesenheit. Alle die zahllosen und mannigfaltigen Erscheinungen der Natur sind, soweit Differenzierungen in Frage kommen, auf die eine Tatsache gegründet, daß im Herzen einer jeden solchen Wesenheit ein göttlicher Gedanke existiert, ein Same des Göttlichen, dazu bestimmt, die Aeonen hindurch zu wachsen, bis das innewohnende Leben, die Eigenart, Kraft und Fähigkeit in einem solchen Samen zu mehr oder weniger vollkommenem Offenbarwerden erblüht. So kommt es, daß ein solcher Gottsame oder eine solche Monade ihrerseits zu einer göttlichen Wesenheit wird, zu einer selbstbewußten Göttlichkeit, einem Kind des Allgöttlichen, dem sie entstammt.

Gedanken sind Dinge, weil Gedanken stofflich sind. Gedanken sind stoffliche Wesenheiten — nicht aus dem Stoffe unserer physischen Welt gebildet, sondern aus feiner, ätherischer Substanz.

Der Mensch ist ein Sammelpunkt schöpferischer Kräfte; er ist ein Energiezentrum,

5

das beständig zahllose Ströme und Fluten kleiner Leben von sich aussendet. Diese atomischen Leben, diese Lebensatome verlassen ihn durch seine physischen Ausstrahlungen. Auch aus seinem Gemüt gehen sie hervor, und in seinem Gemüt sind sie Gedanken, die so in die Gedankenatmosphäre der Welt geworfen werden. Außerdem ist jeder Gedanke eine Wesenheit, denn — und das muß doch jedem einleuchten, — er könnte nicht für den Bruchteil einer Sekunde bestehen, wenn er nicht mit irgendeiner Art von Individualität ausgestattet wäre, die seine Beschaffenheit bestimmt, welche ihn als Wesenheit in individualisierter Form bestehen läßt.

Diese Ausstrahlungen des schöpferischen Mittelpunktes, dieses Lebenszentrums, welches der Mensch ist, gehen als Gedanken in die unsichtbaren Reiche über, und als seine physischen Ausstrahlungen auch in die physischen, sichtbaren Reiche. Aber die in die unsichtbaren Reiche übergehenden Gedanken, ob gut, schlecht, unwichtig, stark gefärbt, fast farblos, sehr erregt, kalt, heiß, rein, sanft, verrucht oder anderer Beschaffenheit, — alles Arten von Energie —, verlassen das Lebenszentrum, das der Mensch ist; und diese ihn verlassenden Lebensatome machen nunmehr eine eigene Entwicklung durch und werden im Laufe der Zeit zur Zwischennatur im Wesen der Tiere.

Die Ausstrahlungen des Menschen bauen so die tierische Welt auf; die Tiere nun zehren von diesen verschiedenen Arten von Lebensatomen, seien sie physisch, vital, astral, mental oder anderer Art. Wie nun der Mensch Ströme von Lebensatomen aussendet, so strahlt auch die Sonne ihre Lebensessenz in den Raum hinaus und gibt Leben und Energie und ätherische Substanz allen, die von ihren kraftspendenden Strahlen berührt werden, wie auch ihre eigenen Atome, Elektronen und was sonst noch der physischen Ebene angehören.

So strömt der Mensch fortwährend seine Lebensenergie aus. Die so von ihm ausgehenden Lebensströme geben den Wesenheiten der untermenschlichen Reiche Leben, evolutionäre Antriebe und ihre Besonderheiten; denn diese untermenschlichen Reiche sind die Entwicklungsprodukte der Gedanken und Lebensemanationen der menschlichen Rasse.

Gedanken des Hasses und der Zwietracht, die der Mensch hegt, seine oft tierischen

Leidenschaften und die verschiedenen Arten unedler Energien, die aus ihm strömen, sind die Wurzeln der Dinge und Wesenheiten in den untermenschlichen Reichen, die der Mensch als feindselig und gefährlich für seine eigene Gattung ansieht; während andererseits eine andere Art von vitalen und mentalen Ausstrahlungen des Menschen, solche von höherstrebender, harmonischer, gütiger, freundlicher, ausgeglichener Natur, auf entsprechende Weise das Formen und Bilden der psychischen oder Zwischenprinzipien der unschädlichen, harmlosen und wohlgestalteten Tiere bewirkt, wie auch der großen Reihe von nützlichen Gewächsen und schönen Blumen im Pflanzenreich.

Da die Natur ein gewaltiger Organismus ist, ist alles untereinander verbunden; deshalb können wir nicht atmen und denken, ohne Kräfte und Energien in Bewegung zu setzen, welche schließlich die äußersten Grenzen unseres Heimatuniversums erreichen und über diese Grenzen hinausgehend in den Bereich anderer Universen eindringen werden.

Daher berührt sogar ein Gedanke über einen Stern diesen im Laufe der Zeit, zwar mit unendlich kleiner Wirkung nur; doch enthält diese Tatsache gleichwohl eine wunderbare Wahrheit, und dazu eine Wahrheit, welche uns nachdenklich stimmt.

Ja, selbst die Sterne werden durch unser Denken beeinflußt. Und bei jenen, deren inneres Schauen mehr geöffnet ist und die erkennen, daß jene herrlichen Lichtkörper, welche über das blaue Himmelsgewölbe der Nacht verstreut sind, nur die stofflichen Gewänder einer inneren und glänzenden Bewußtseinsflamme darstellen, die sich als der Glanz dieser kosmischen Sonnen offenbart — geradeso wie sich unser Bewußtsein durch uns als Menschenwesen offenbart — bei jenen, die so beginnen, zum Seher zu werden, reicht das Denken bis zu den Sonnen und den Sternen. Jeder ist einer Sonne Kind und deshalb ein Atom spiritueller Energie, und welcher Vater kennt sein Kind nicht und hört nicht auf sein schwaches Rufen?

Doch wie steht es mit dem dritten Weh, das die Menschheit heimsucht, dem Tode? Der Tod ist der Erschließer, ist dasjenige, das Schauen verleiht; der Tod ist der größte und lieblichste Wechsel, den das Herz der Natur für uns in Bereitschaft hält.

Es gibt keinen Tod, wenn wir mit diesem Ausdruck ein vollständiges, absolutes und unbedingtes Aufhören von allem, was ist, meinen. Der Tod ist Wechsel, geradeso wie die Geburt durch Wiederverkörperung (welche Tod für die Seele bedeutet) ein Wechsel ist; es ist kein Unterschied zwischen dem, was wir Tod und dem, was wir Leben nennen, denn beide sind eins. Es handelt sich nur um einen *Übergang* in eine andere *Erscheinungsform des Lebens*, geradeso wie das Leben eine solche des Todes ist. Er ist nicht etwas, vor dem man sich fürchten müßte.

Um seine Kräfte zu erneuern, muß der physische Körper des Menschen eine bestimmte Zeit schlafen; so muß auch die psychische Konstitution des Menschen ihre Ruhezeit haben — im Devachan.

Der Tod ist ebenso natürlich und schmerzlos, der Tod ist ebenso schön wie das Wachsen einer lieblichen Blume. Er ist die Pforte, durch welche der Pilgrim auf eine höhere Stufe tritt.

Beim Tode findet genau dieselbe Aufeinanderfolge von Ereignissen statt wie beim Einschlafen, wenn wir uns zur Ruhe gelegt haben und in jenes Wunderland des

Bewußtseins hinübergleiten, das wir Schlaf nennen; und wenn wir erwachen, ausgeruht, gestärkt, erfrischt und bereit zur Wiederaufnahme unserer Arbeit und Pflicht im neuen Tage, so finden wir, daß wir dieselbe Persönlichkeit sind, die wir vor dem Einschlafen waren. Im Schlafe findet eine Unterbrechung des Bewußtseins statt. Auch der Tod ist eine solche Unterbrechung. Im Schlafe haben wir Träume oder größere oder geringere Abwesenheit des Bewußtseins; und im Tode haben wir ebenfalls Träume, herrliche, wundersame, spirituelle Träume — oder vollständige Abwesenheit des Bewußtseins. Wie wir vom Schlafe erwachen, so auch kehren wir bei der nächsten Wiederverkörperung zur Erde zurück, um in einem neuen menschlichen Körper die Aufgaben unseres karmischen Lebens aufzunehmen.

Es gibt freilich einen Unterschied zwischen Schlaf und Tod, doch ist dies ein bedingter und kein wesentlicher: Nach dem Schlafe kehren wir in denselben Körper zurück, während wir nach dem Tode einen neuen Körper annehmen. Jeden Tag verkörpern wir uns, verkörpern wir uns wieder, wenn wir aus dem Schlafe erwachen;

weil das, was während des Schlafes des physischen Körpers mit uns vorgeht und geschieht, in kleinem Maße mit dem übereinstimmt, was mit uns nach dem Tode vorgeht und geschieht.

Der Tod ist ein absoluter, ein vollkommener Schlaf, eine vollkommene Ruhe. Der Schlaf ist ein unvollständiger Tod, oft von aufregenden und beängstigenden Träumen gestört, infolge der Unvollkommenheit der bewußten Wesenheit, die das menschliche Ego ist — man nenne sie Seele oder wie man will. Tod und Schlaf sind Brüder. Was im Schlafe geschieht, geschieht auch bei und nach dem Tode, jedoch auf vollkommene Weise. Was bei und nach dem Tode geschieht, geschieht auch während des Schlafes, jedoch auf unvollkommene Weise. Wir verkörpern uns bei jedem Erwachen aufs neue; denn das Erwachen bedeutet, daß die Wesenheit, die während des Schlafes zeitweilig den Körper verlassen hat — das Gehirngemüt, das astral-physische Bewußtsein — in diesen Körper zurückkehrt, also sich sozusagen neu einkörpert, und so erwacht der Körper, dessen Blut, Gewebe und Nerven durch das psychische Feuer neugestärkt sind.

Hast du dich jemals gefürchtet beim Zubettgehen, beim Einschlafen und Schwinden des Bewußtseins? Nein. Es ist etwas so Natürliches, es ist ein so beglückender, Ruhe verleihender Vorgang! Die Natur ruht sich aus; das müde Gehirn erholt sich; und die innere Konstitution, „die Seele", wenn man sie so nennen will, wird während der Schlafperiode zeitweilig in das höhere Bewußtsein des Menschen zurückgezogen — der Strahl wird sozusagen in die innere, spirituelle Sonne zurückgeführt.

Genau dasselbe findet beim Tode statt; doch wird beim Tode das abgetragene Gewand beiseitegelegt; die Ruhe ist auch lang, ist unvergleichlich schön und beglückend, von herrlichen und wundersamen Träumen belebt sowie von unerfüllten Hoffnungen, die jetzt im Bewußtsein der spirituellen Wesenheit zur Verwirklichung gelangen. Dieser Zustand des Träumens ist das Panorama einer Erfüllung aller unserer edelsten Hoffnungen, all unserer früheren Träume und unverwirklichter geistiger Sehnsucht. Er ist deren Erfüllung in strahlendem Glanze und in Herrlichkeit, in überfließender Fülle und Vollkommenheit.

Der Tod ist ein absoluter, ein vollkommener Schlaf. Der Schlaf ist ein unvollkommener, unvollständiger Tod. Daher wiederholt sich, wenn wir sterben, alles, was während der kurzen Periode des Schlafes mit uns vorgeht, auf vollständige, vollkommene Weise und in großem Maßstabe. Wie man des Morgens in demselben physischen Körper erwacht, da der Schlaf nicht vollständig genug ist, um den Silberfaden der Lebenskraft zu zerreißen, welcher die innere abwesende Wesenheit mit dem schlafenden Körper verbindet, so auch kehren wir nach unserer devachanischen Erfahrung, nach unsern Erfahrungen in der Himmelswelt, der Welt der Ruhe, des absoluten Friedens, des absoluten, glückseligen Schlummers, zur Erde zurück.

Während des Schlafes verbindet der Silberfaden der Lebenskraft die Pilgerseele noch mit dem Körper, den sie verlassen hat, sodaß sie auf diesem psycho-magnetischen Verbindungswege zum Körper zurückkehrt; doch wenn der Tod kommt, wird jener silberne Lebensfaden zerrissen, mit Blitzesgeschwindigkeit (die Natur ist auch in diesem Falle sehr barmherzig), und die Pilgerseele kehrt nicht mehr in den abgelegten Körper zurück. Dieses völlige Scheiden des inneren Bewußtseins bedeutet das Zerreißen jenes Silberfadens; der Körper wird dann wie ein abgetragenes Kleidungsstück beiseitegelegt. Im übrigen ist hier die Erfahrung des Pilgerbewußtseins, der Pilgerwesenheit oder Pilgerseele genau dieselbe wie beim Schlafe, nur beruht sie hier auf kosmischer Basis. Das Bewußtsein scheidet, und bevor es als ein sich wiederverkörperndes Ego von neuem zur Erde zurückkehrt, geht es von Sphäre zu Sphäre, von Reich zu Reich, von „Wohnung zu Wohnung in des Vaters Haus," wie es im Neuen Testament heißt.

Nichtsdestoweniger ruht es auch in anderer Hinsicht in vollkommener Glückseligkeit, in höchstem Frieden; und während dieser Ruhepause verarbeitet und assimiliert das Ego die Erfahrungen des vergangenen Lebens und nimmt diese in sein Wesen auf, dem sie den Charakter geben, geradeso wie der Körper während des Schlafes die tagsüber aufgenommene Nahrung verdaut und in sich aufnimmt, alles Unbrauchbare ausscheidet und neues Gewebe aufbaut, um dann neugestärkt zu erwachen. So kehrt auch das reinkarnierende Ego neugestärkt zur Erde zurück.

Ähnlich ist es mit dem Schlaf. Der Schlaf wird verursacht durch das Zurückziehen der Wesenheit aus dem physischen Körper, die ihn mit ihrer Flamme erfüllte und ihm tätiges Leben verlieh. Das ist der Schlaf. Und wenn jenes Zurückziehen der inneren Wesenheit vollständig ist, so ist auch der Schlaf als solcher verhältnismäßig vollkommen und es herrscht verhältnismäßige Bewußtlosigkeit — an sich der sanfteste Schlaf. Denn dann ist der Körper ungestört, ruht friedlich und ruhig, erneuert in seinem System, was während der Arbeit oder des Spieles verbraucht worden ist.

Ist hingegen das Zurückziehen der inneren Wesenheit unvollständig oder nur teilweise eingetreten, dann entstehen Träume; denn die innere Wesenheit fühlt dann die Anziehung ihres physischen Teiles, des physischen Menschen, fühlt den psychomagnetischen Einfluß, den dieser physische Mensch auf sie ausübt, und die Unbewußtheit des Schlafes ist gestört durch die Schwingungen des physischen Menschen, des lebenden Körpers. Dies erzeugt böse Träume, aufregende Träume, seltsame und unheilvolle Träume. Ist das Zurückziehen etwas vollständiger als in letzterem Falle, doch nicht ganz vollständig, dann entstehen glückliche, friedliche Träume.

Ist der Schlaf völlig frei von Bewußtheit, so hat dies seine Ursache darin, daß die innere Wesenheit im geringstmöglichen Maße durch die psycho-magnetischen Schwingungen des Körpers und besonders des Gehirns beeinflußt ist. Jenes Bewußtsein selbst oder Gemüt ruht in einem Schlummer, in welchem ihm ein gewisses Maß von seinem Erkenntnisvermögen verbleibt, jedoch so wenig, daß das Gehirn keinen Traum verzeichnen kann, weil die Trennung zwischen dem Körper und dem Bewußtsein, das jenen verlassen hat, zu vollständig ist. Doch während dieses Bewußtsein sozusagen halb wach und halb schlafend ist, ist es in jener besonderen, für menschliche Augen unsichtbaren Welt, zu welcher sein Denken und Fühlen in den voraufgehenden Augenblicken und Stunden es hingelenkt haben. Es weilt dort als Besucher, vollkommen beschützt und behütet, und nichts kann oder wird ihm aller Wahrscheinlichkeit nach Schaden bringen, außer wenn die innere Natur des betreffenden Menschen so verdorben und dadurch der schirmende Schild des Geistes, welcher gewöhnlich diese innere Wesenheit umgibt, so abgenützt ist, daß feindliche Einflüsse eindringen können.

Wiederverkörperung, das Erwachen aus der Ruhe zwischen den Erdenleben, ist das Ergebnis des Geschicks, des Geschickes, das du dir in vergangenen Leben selbst gewoben hast. Du selbst hast dich so gestaltet, daß du wieder hierher auf Erden zurückkommen mußtest; und du bist jetzt hier, weil du dich in anderen Leben zum Wiedergeborenwerden auf dieser Erde vorbereitet hast. Du bist für dich Vater und Mutter selbst, du bist dein eigen Kind, denn du bist du selbst. Du bist als Charakter, als Menschenwesen nur das Ergebnis von dem, was du in der Vergangenheit aus dir machtest, und dein künftiges Geschick — den Ursachen folgt notwendigerweise die Wirkung — wird eben gerade das Ergebnis, das Karman von dem sein, zu was du dich jetzt machst.

Hier liegen die geheimen Ursachen der Wiedergeburt: Die Menschen hungern nach Licht und wissen nicht, wo sie es finden können. Ihr Gefühl läßt sie die Wahrheit ahnen, doch wissen sie nicht, wie sie dieselbe auslegen sollen. Ihr Denken, ihr Geist

ist durch die Lehren jener irregeleitet, welche nur in der Welt des Stoffes nach dem Lichte gesucht haben. Lichtsucher sein ist wahrlich ein erhabenes Streben, doch nur in der Stoffwelt nach ihm zu suchen, bedeutet, daß man den Schlüssel zum größeren *Innen* verloren hat, von dem das stoffliche Universum nur die Schale, das Gewand, der Körper, die äußere Hülle ist.

Eine der verborgenen Ursachen der Wiederverkörperung, der Wiederverkörperung der menschlichen Seele ist die, daß der Mensch, der als wesentlicher Teil des Universums in seinem innersten Herzen und seinem ganzen Sein eins ist mit dem Herzen des Alls, dem kosmischen Gesetz der Wiederverkörperung gehorchen muß: — zunächst Geburt, dann Wachstum, dann Jugend, Reifung, Entwicklung von Fähigkeiten und Kräften, dann Niedergang, das Nahen des Großen Friedens — Schlaf, Ruhe — und dann das erneute Heraustreten in das sichtbare Dasein. So auch verkörpern sich Universen. So auch verkörpert sich ein Himmelskörper — jeder Stern, ob Sonne, oder Planet. Jeder von ihnen ist ein Körper, wie du es in deinem niederen Teile auch bist; jeder ist ein unzertrennlicher Teil des grenzenlosen Alls, wie auch du es selbst bist; jeder von ihnen entspringt dem Schoße des grenzenlosen Raumes als dessen Kind, wie auch du selbst; und alles wird von einem universalen kosmischen Gesetz durchdrungen und durchwaltet, sodaß, was dem einen geschieht, sei es groß oder klein, entwickelt oder unentwickelt, fortgeschritten oder nicht, jedem und allen geschieht.

Du selbst gestaltest dir dein Geschick; du selbst machst dich zu dem, was du bist. Was du jetzt bist, ist genau das, wozu du dich in vergangenen Leben gemacht hast. So auch legst du jetzt die Ursachen zu dem, was du in Zukunft sein wirst. Du hast einen Willen, und du gebrauchst diesen Willen, während du hier auf Erden lebst und später in den unsichtbaren Reichen, in den Gebieten des grenzenlosen Raumes, zu deinem Wohl oder Wehe. Dies ist eine der weiteren, die zweite der verborgenen Ursachen der Wiederverkörperung.

Es gibt noch eine dritte verborgene Ursache, und diese ist vielleicht die materiell wirksamste. Diese dritte Ursache wurzelt im Innern eines jeden von uns. Es ist der Durst nach sinnenhaftem Dasein, Durst nach irdischer Existenz, Hunger nach den

Stätten und Gefilden, in denen wir einst wanderten und die uns vertraut sind. Dies bringt uns wieder und immer wieder zur Erde zurück. Diese *trishnâ,* diese *tanhâ,* dieses Verlangen, in gewohnte Verhältnisse zurückzukehren, bringt uns wieder zur Erde zurück — als Einzelursache wohl wirksamer als alle andern.

Die entkörperte Wesenheit geht nach dem Tode und vor der Wiederkehr zur Erde dorthin, wohin die Gesamtsumme ihrer Verlangen, ihrer Gefühle und Bestrebungen sie führt. So ist es ja auch während des Lebens auf Erden. Der Mensch versucht sein Bestes, um jenem Pfad zu folgen, zu dem er sich innerlich hingezogen fühlt. Und wenn wir diesen Stoffleib abwerfen gleich einem Gewand, das seinen Dienst getan hat, werden wir zu jenen inneren Sphären und Ebenen hingezogen, nach denen wir schon während des letzten Erdenlebens verlangten und unsere Sehnsucht hatten. Das ist auch der Grund, weshalb wir auf diese Erde in Körper aus Fleisch und Bein zurückkehren. Es ist dieselbe Regel, nur wirkt sie in entgegengesetzter Richtung. Wir hatten nach dem Tode Verlangen nach Sinnendingen, Hunger und Durst nach Sinnendasein in unserem Charakter latent als Samen zurückgelassen, und diese bringen uns schließlich wieder auf die Erde zurück.

Nach dem Tode bringen uns die edleren, helleren, reineren, zarteren Charaktersamen, die Frucht, das Erträgnis unseres Sehnens nach Schönheit, Harmonie und Frieden in jene Reiche, wo Harmonie, Schönheit und Frieden wohnen. Und diese Reiche sind Sphären, wie unsere Erde eine solche ist, doch weit ätherischer und schöner; denn die Schleier der Materie sind dünner, die Krusten materieller Substanz sind dort nicht so dicht wie hier. Das Auge des Geistes sieht klarer. Der Tod befreit uns von der einen Welt und wir treten durch die Tore der Verwandlung in eine andere Welt ein, wie auch genau das Umgekehrte stattfindet, wenn die sich verkörpernde Seele die feineren Ätherreiche verläßt, um zu unserem gröberen, stofflichen Erdenleben in den schweren Körper aus physischer Materie hinabzusteigen.

Die inneren Welten sind für die Wesenheit, welche sie durchwandert, wie sie auch diese äußere Welt durchwanderte, ebenso wirklich, ja noch wirklicher als die äußere, da sie ihnen näher ist. Sie sind ätherischer und sind deshalb der ätherischen Natur des ewigen Pilgrims näher, — des Pilgrims, der auf seiner immerwährenden Reise zur Vollkommenheit immer wieder einen anderen Erfahrungszustand durchwallt. Und diese Wandlungen folgen eine der andern vor der nächsten Verkörperung auf dem kreisenden Rad der Zyklen. Der Pilgrim wandert durch den Kreislauf der Jahrhunderte von einer Sphäre zur andern, immer höher steigend, zu immer erhabeneren Gefilden, bis der Gipfelpunkt seiner Pilgerfahrt erreicht ist.

Deshalb fürchtet euch nicht. Alles ist wohlgefügt; denn dein Herz ist das Universum, und das Allerinnerste deines Herzens ist auch das Herz des Universums. Wie unser herrliches Tagesgestirn die Fluten seiner Strahlen nach allen Richtungen aussendet, so sendet auch dieses Herz des Universums, das überall ist, weil es nirgends im besonderen ist, unaufhörlich Ströme von Strahlen aus; und diese Ströme sind die Wesenheiten, die das Universum erfüllen.

3.

DER INNERE GOTT

DER INNERE GOTT

Der Mensch *an sich* ist eine unsichtbare Wesenheit. Was wir von ihm im und durch den Körper sehen, ist lediglich das Offenbarwerden des inneren Menschen, da der Mensch seinem Wesen nach eine spirituelle Energie ist — eine spirituelle, intellektuelle, psychomaterielle Energie. Das Beiwort hängt davon ab, welche Daseinsebene man gerade in Betrachtung seiner Lebensäußerungen ins Auge gefaßt hat, denn die Wahrheit ist ja, daß er auf allen Ebenen existiert, den inneren und äußeren.

Obschon der Mensch eine unsichtbare Wesenheit ist, bedarf er eines stofflichen Körpers, um darin zu leben und auf dieser physischen Ebene zu wirken. Er ist ein Pilger der Ewigkeit. Er entsprang dem unsichtbaren Teil des kosmischen Seins in Aeonen, die so weit zurückliegen, daß die Menschheit mit Ausnahme der großen Weisen und Seher alle Erinnerung daran verloren hat. Er kam hervor aus dem

Schoße des Kosmischen Seins als ein unselbstbewußter Gottfunke, und nach langer, langer, äonenlanger Wanderung durch alle die verschiedenen inneren Welten, wobei er auf einzelnen Entwicklungsstufen durch unsere jetzige materielle Sphäre und von da wieder in die inneren Welten ging, wurde er schließlich zum Menschen, zu einer selbstbewußten Wesenheit, auf welcher Stufe wir nun stehen. Kommende Aeonen der Zeit werden auf eben dieser unserer Erde die eingeschlossenen Fähigkeiten und Kräfte, die in jedem Menschen schlummernd liegen, zu weit vollkommenerer Offenbarung bringen, als sie es jetzt sind; und in den Tagen einer noch fernen, fernen Zukunft wird der Mensch als Gott auf dieser Erde wandeln und in Gemeinschaft sein mit seinen Mitgöttern, denn er wird dann die göttlichen Kräfte zur Entfaltung gebracht haben, die jetzt noch unentwickelt, keimhaft in seinem Wesen verborgen liegen.

Das innerste Herz, der Kern des Herzens des Menschen ist ein Gott, ein kosmischer Geist, ein Funke des kosmischen Feuers; und die ganze Evolution — das Entfalten dessen, was inwendig ist, das Enthüllen dessen, was innerhalb der sich entwickelnden Wesenheit sich befindet, das Hervorbringen dessen, was im Innern eingeschlossen ist — all dies bedeutet nur eine immer vollkommener werdende Offenbarung der eingeschlossenen, unentfalteten, unentwikkelten Energien, Fähigkeiten, Kräfte und Organe der sich entwickelnden Wesenheit. Und in gleichem Maße, wie diese Fähigkeiten und Energien sich immer vollkommener offenbaren und äußern können, zeigt auch der Organismus, durch welchen sie sich äußern, der Körper, die Wirkungen dieses inneren Feuers der Entwicklung, und so entwickelt sich auch der Körper, nachdem sich ihm automatisch jeder Schritt nach vorwärts aufprägt.

Der Mensch ist in seinem Wesen den Göttern, den Kosmischen Geistern stammverwandt. Das Universum ist unsere Heimat. Wir können es nie verlassen. Wir sind seine Kinder, haben in ihm unseren Ursprung, und deshalb sind wir in unserem tiefsten Innern alles, was der grenzenlose Raum ist. Wir entstammen ihm, der grenzenlose Raum ist unsere Heimat, und unser tiefstes Gefühl sagt uns daher, daß „alles wohl steht".

Gleich einer wachsenden Pflanze tritt der

Mensch, die Menschenpflanze der Ewigkeit, aus dem Unsichtbaren ins Sichtbare. In einem Erdenleben beginnt er als menschlicher Same, welcher heranreift und hervorbringt, was in ihm verschlossen ist; dann sinkt der Körper mit dem natürlichen Verfall der Kräfte zur Erde und stirbt; und nach einer langen Ruheperiode in unsichtbaren Welten, wo die Erfahrungen verarbeitet werden, steigt die innere spirituelle Flamme wieder zu neuer Verkörperung auf die Erde herab.

Dies ist in Kürze die Geschichte des Menschen, der Menschenpflanze der Zeitalter. Er wird geboren und blüht eine Weile, dann stirbt er und geht zur Ruhe, um mit dem wiederkehrenden Lebenszyklus von neuem ins Dasein zu treten, von neuem emporzublühen und dahinzusterben; doch immer zieht sich der goldene Faden des Selbstes — Sûtrâtman — durch Zeit und Raum.

Der Geist des Menschen wirkt durch die menschliche Seele, und diese menschliche Seele wirkt durch das vital-astrale oder ätherische Gefäß, einen Träger oder Körper, den Übermittler der Energien oder Kräfte der Seele, der psycho-magnetisch mit den Organen des physischen Körpers verbunden ist; und dieses vital-astrale Prinzip wirkt auf den physischen Körper ein und strömt durch alle Teile unserer physischen Hülle, geradeso, wie der elektrische Strom nicht nur durch, sondern auch über und um den Leitungsdraht fließt. Der Geist erzeugt, umhüllt und bewahrt die menschliche Seele aus seinem eigenen Schoße, aus der Selbstheit heraus. In gleicher Weise erzeugt und durchdringt die menschliche Seele das vital-astrale Gefäß; und dieses erzeugt und durchdringt seinerseits den physischen Körper.

Ein menschlicher Same kommt aus den ätherischen Welten und ist das Laya-Zentrum, durch welches der werdende Körper, Zelle um Zelle, aus den inneren Welten einströmt und sich aufbaut. Dieser Same wird zum physischen Körper, und mit seinem Wachstum findet in übereinstimmender, zusammenordnender und fortschreitender Weise die Verkörperung der menschlichen Energien statt, bis der Reifezustand erreicht ist. An jenem Punkte sieht man den vollentwickelten Menschen und die mehr oder weniger völlig verkörperte menschliche Seele.

Der Mensch ist eine zusammengesetzte, mehrteilige Wesenheit. Seine Konstitution erstreckt sich vom Körper zum Geiste mit allen Zwischengraden ätherischer Substanzen, Energien und Kräften, sieben an der Zahl. Wenn diese sieben verschiedenen Stufen oder Grade im Lebensprozeß zusammenwirken, dann haben wir einen vollständigen, lebendigen Menschen vor uns.

Die menschliche Seele ist *an sich* weder unsterblich noch sterblich. Sie ist der Sitz von Willen, Bewußtsein, Intelligenz und Gefühl im gewöhnlichen Menschen. Sie ist nicht unsterblich, da sie nicht rein genug ist, um wahrhaft unpersönlich zu sein. Wenn sie es wäre, so wäre sie nicht menschlich, sondern übermenschlich. Sie ist nicht völlig sterblich, da ihre Antriebe, Bewegungen, und die aus ihr kommenden Lebensäußerungen in gewissem Sinne über den rein sterblichen Dingen des Stoffes stehen.

Der Mensch hat heiliges Liebesempfinden, Sehnsucht, Hoffnung und geistiges Schauen. Diese gehören dem Geiste an, welcher unsterblich und todlos ist, und werden durch die menschliche Seele oder Zwischennatur übermittelt, welche die Menschen gewöhnlich als „Ich" bezeichnen, geradeso wie das Sonnenlicht durch ein Fensterglas strahlt. Das Fensterglas ist das Vehikel, der Leiter, der Träger oder Übermittler dieser wundersamen Eigenschaft oder Kraft, welche von dem Geiste herniederströmt. Die menschliche Seele gleicht diesem Glase des Fensters. Sie spiegelt vom Geiste, von des Geistes goldenem Sonnenlicht ebensoviel wider, als ihr Erkenntnisgrad es ihr erlaubt.

Die menschliche Seele ist unsterblich, soweit sich der Mensch mit seinem Willen und seinem Schauen ganz dem todlosen Geiste in seinem Innersten und Höchsten verbindet, und sterblich, soweit sie sich zu dem hinabziehen läßt, was Materie und materielle Triebe und Instinkte genannt werden, welch letztere unbedingt sterblich sind und sich mit dem Körper auflösen, wenn der Tod kommt und den unsterblichen Geist befreit; sodaß, wenn der Mensch für die Dauer der Periode der Ruhe und des Friedens zwischen zwei Leben in seine erhabene Heimat einzieht, nur Glückseligkeit und hohes Schauen und die Erinnerung an alles verbleiben, was in unserem vergangenen Leben groß und erhaben war. Die Seele selbst ist ein ätherisches Gefäß oder ein ätherischer Träger der todlosen und unsterblichen Eigenschaften des schöpferischen Geistes oder der Monade.

Der Geist ist der unsterbliche Teil der menschlichen Konstitution; er ist die Monade, die monadische Essenz: das, was den Tod niemals schmecken wird, was vom Beginne des Manvantara bis zum Ende dieser majestätischen Periode kosmischer Offenbarung dauert, das, was das kosmische Pralaya überdauert, um seine spirituelle und sonstige Wirksamkeit mit dem Aufdämmern des neuen Kosmischen Manvantara wieder zu beginnen.

Und so entfaltet sich in zyklischen, beständig und unaufhörlich wiederkehrenden Perioden der Geist oder die Monade in ewigem Werden, vom Spirituellen zum Überspirituellen, um dann zum Göttlichen und weiter zum Übergöttlichen zu werden. Ist dies das Ende seiner Entwicklungsmöglichkeiten? Nein, er schreitet ewig fort, sein Wachstum und seine Entwicklung finden nie ein Ende. Doch Worte versagen hier, um jene erhabenen Ideen wiederzugeben. Wir können sie nicht in stammelnder menschlicher Sprache zum Ausdruck bringen. Unsere Phantasie erlahmt bei solchem Versuch, und wir können nur hinweisen auf den Entwicklungspfad, der nach beiden Richtungen ins Ewige und Unendliche mündet, ohne Ende, wie er keinen Anfang hat.

Das ist der Geist oder die monadische Essenz. Er ist der innere Gott. Er ist die Leuchtende Intelligenz, welche die innersten Daseinsregungen des höheren Teiles der Konstitution erzeugt. Und diese Regungen finden ihren Abglanz im Gehirnverstand, im menschlichen Gemüt. Er ist die Quelle von allem, was groß und edel, hoch, rein, himmelstrebend und lauter im menschlichen Wesen ist. Er ist die Quelle der unsterblichen Liebe, die Quelle der Selbstaufopferung, der Quell aller Harmonie und Schönheit im Menschen — das Gefühl „Ich bin". Das ist der Geist, die unsterbliche Monade, der unsterbliche, makellose, ewige innere Gott.

Die menschliche Seele ist ein Strahl aus ihm. Dieser Strahl ist das, was wir als das menschliche Wesen erkennen, das Gefühl „Ich bin ich". Und die Seele ist wie der Geist etwas Wachsendes, Werdendes, Fortschreitendes, sich Entwickelndes. Zu immer größeren Höhen steigt sie auf; und in den fernen Aeonen einer kommenden Zeit wird die Seele ihrerseits ihre eigenen inneren, noch latenten Fähigkeiten, Kräfte und Möglichkeiten — den Glanz in ihr — herausentwickelt haben, sodaß aus einer Seele sie zum Geist geworden sein wird, *weil die Wurzel oder der Same der Seele ein spiritueller Strahl ist.* Wenn dieser Höhepunkt erreicht sein wird, hat sich der Mensch aus dem Menschenzustand in den Gottmenschenzustand, aus einem Menschenwesen in einen verkörperten Gott verwandelt. Dann wird sich der Gott in uns mit seinen transzendenten Fähigkeiten und Kräften offenbaren und der Mensch ist zu einem lebenden Buddha geworden.

Ein menschlicher Geist ist eine todlose Wesenheit. Er ist in seinen innersten Teilen ein Teil des Gewebes des Universalen Lebens. Und dieser Geist des Menschen, dieses innere Wesen, diese spirituelle Seele ist auf einer ewigen Pilgerfahrt im Raume begriffen, unbegrenzt im Raume und ewig in der Zeit. Sie schreitet von Wohnung zu Wohnung, bald hier weilend, bald da, überall lernend. Eine solche Wohnung ist in der

Tat die Erde. Jede Sphäre, jede Welt in den Himmelsräumen ist eine andere Wohnung des Lebens.

Die erhabensten Lehren werden in den unsichtbaren Welten gelernt; denn diese Sinnenwelt, die wir sehen, ist trotz ihrer sinnenhaften Schönheit, ihres täuschenden und zauberhaften Scheines nur die Schale, das Gewand, der Körper, das Äußere. Und geradeso wie aus dem Innern des Menschen all seine Gedanken, all seine Inspirationen, all seine genialen Fähigkeiten, all seine Kräfte und Energien nach außen ins Physische fließen und sich in seinen Werken ausdrücken, so sind auch alle Offenbarungen, die wir im physischen Universum sehen, nur der Ausdruck der inneren Energien, Fähigkeiten, Kräfte und Eigenschaften, die in jedem Universum ihren Sitz haben.

Diese ewige Pilgerschaft der spirituellen Seele des Menschen erstreckt sich nicht nur auf diesen Kreuzungspunkt des physischen Universums, das unsere unvollkommenen Augen sehen können, sondern in viel höherem Maße auf die unsichtbaren Reiche, auf das, was die Menschen die spirituellen Welten nennen; denn es gibt hier

Gradstufen um Gradstufen, immer höhere und höhere.

Und dieser innere Gott, ein ewiger Pilger, lernt unaufhörlich und steigt dabei höher und immer höher, gleich den Rassen der Menschen auf Erden, die, nachdem sie ihren Höhepunkt in der Glanzzeit ihrer Kultur erreicht haben, wieder fallen, um aufs neue emporzusteigen. So auch steigt die Monade, der Gott, die spirituelle Seele von den spirituellen Welten hinab in ätherische Materie, in jeder lernend und aufs neue wieder emporsteigend, um noch höhere Stufen des Seins zu erklimmen; dann wieder steigt sie hinunter in die Reiche ätherischer Materie und wieder hinauf zu noch größeren Höhen und erhabenerem Sein — und dies ohne Aufhören.

Oh, der Frieden und das Glück, dessen der teilhaftig wird, welcher sich jenem inneren Glanze verbindet! Dieser Bund des Lebens und Bewußtseins mit unserer inneren Gottheit verleiht unserem Leben allen Wert, und durch dieses Verbundensein werden wir eins mit den Energien und Kräften, die das Universum lenken, von dem dieser innere Gott, der Gott in uns, nur ein Funke des zentralen Feuers ist.

Und wenn die innere Vereinigung mit ihm vollständig ist, so ist der Mensch auf dem Pfade zum Gottmenschentum. Die Buddhaschaft liegt dann vor ihm.

Dieses Wissen um unser inneres Selbst, unseren inneren Gott, bedeutet eine Weitung unseres Bewußtseins; es bedeutet Wachstum, Entwicklung, immer größeres Verstehen von allem, was ist. Und wer auch nur eine schwache Ahnung, einen blassen Schimmer dieses Schauens besitzt, den kann so etwas wie Furcht nicht mehr befallen. Dann kann der Tod dich nicht mehr schrecken, denn du weißt dann, daß du eins bist mit dem All, unzertrennlich von ihm und daß du in der Tat das All selbst bist und den Möglichkeiten deiner Entwicklung keine Grenzen gesteckt sind, da es dafür in Wirklichkeit solche überhaupt nicht gibt. Niemals kannst du Grenzen deiner selbst, deines göttlichen Ichs erreichen, nie; denn das Innerste von dir ist eben jenes grenzenlose spirituelle Universum, in dem du lebst und dich bewegst und dein Sein hast.

Es sind die äußeren Sinne, die unsere Aufmerksamkeit von dem inneren Glanze ablenken. Tatsächlich lenken die fünf Sinne unsere Aufmerksamkeit weg von dem Tempel des Allerhöchsten, von dem Geiste im Menschen, der sich durch den Körper offenbart. Sie sind der Ausdruck fünf verschiedener Energien der menschlichen Zwischennatur, sie sind die Kanäle — oder wirken als solche —, durch die der Mensch selbstbewußt die äußere Welt wahrnehmen kann. In gewisser Hinsicht sind diese Sinne Förderer, und in anderer Hinsicht sind sie Hinderer des Fortschritts. Sie sind förderlich, weil sie uns etwas von der Natur zeigen, die den Menschen umgibt, und durch die Sinne wirkt zur Zeit viel von seinem gewöhnlichen Bewußtsein und gestattet ihm so, über die Welt und seine Mitmenschen viel zu erfahren. Dieses Lernen lehrt ihn schließlich Selbstbemeisterung und hilft, die Eigenschaften des Mitleids zu erwecken, der Liebe, des Erbarmens und des Willens zum Besseren, die alle im Menschen wohnen.

Des Menschen innerer Geist ist der Tempel der Unendlichkeit und seiner mannigfachen Lebensenergien und Lebenskräfte; und im Verlaufe unseres zyklischen Vordringens in die Materie offenbaren sich diese Energien und Kräfte nach außen. Doch nunmehr befinden wir uns auf dem aufwärtssteigenden Bogen fortschreitender

Entwicklung, und das ganze Streben der künftigen Evolution wird darauf gerichtet sein, in der Menschheit den Drang nach innen zu entwickeln und damit schließlich auch die Fähigkeit, nach innen zu schauen, sodaß der Mensch zur Erkenntnis seiner selbst gelangt und er sich erkennt als einen der Mitarbeiter der Götter im Aufbau und in der Leitung des Universums, als einen der Funken des unendlichen kosmischen Feuers; denn im Menschen ist alles enthalten — jede Kraft und Energie, die es in den unendlichen Räumen gibt; und die ganze Evolution ist nur das Hervorbringen dieser eingeschlossenen Kräfte, ebenso wie eine Blume das entfaltet, was innen ist.

Der innere Gott ist immer in uns, um uns, über uns, unser harrend, harrend, harrend, und sich offenbarend durch die Aeonen, welche ständig in den Ozean der Vergangenheit fließen, und durch selbstgeleitete Entwicklung, das Entwickeln des inneren Menschen — dessen, was wir in unserem innersten Sein sind — sich offenbarend durch den äußeren Menschen. Der ganze Zweck der Evolution ist das Lichten der dichten Schleier von Gemüt und Stoff, die den Geist verhüllen, sodaß das Licht im

Heiligen Tempel, welcher das menschliche Herz ist, den Menschen mit seinem Glanze erleuchten kann.

Was hindert das Licht daran, den Menschen zu erleuchten, was hemmt die Tätigkeit des inneren Gottes? Es ist die Persönlichkeit, denn von dieser Persönlichkeit stammen alle Übel her. Es ist nicht die Individualität, der göttliche, unteilbare, todlose und unsterbliche Teil von uns, der Teil, der nie Tod oder Verfall schmecken wird, sondern die Persönlichkeit, das Persönliche, das Kleine, Niedrige, Geringe, Beschränkte und Begrenzte, das eine dichte, undurchdringliche Atmosphäre um unser Wesen legt, die kaum etwas anderes durchdringen kann als unsterbliche Liebe.

Geltendmachen der Persönlichkeit, Selbstsucht, Egoismus — dies sind die Dinge, welche die Offenbarung der göttlichen Energien in uns hemmen. Sie sind es, welche den Menschen verkümmern lassen, sodaß er nicht einmal den Kräften und Fähigkeiten vollen Ausdruck gibt, die er jetzt besitzt.

Wenn wir innerlich wachsen wollen, müssen wir das Persönliche abwerfen um unpersönlich zu werden, müssen wir das Begrenzte abwerfen, von uns tun, um unsere Grenzen zu weiten. Wie kann das Küken dem Ei entschlüpfen, ohne die Schale zu zerbrechen? Wie kann der innere Mensch sich erheben, ohne die Schale der niederen Selbstheit zu sprengen? Wie kann der innere Gott — unser göttliches Bewußtsein — sich offenbaren, es sei denn, daß der Mensch über das Unvollkommene, das Kleine, das Beschränkte, mit anderen Worten über das Persönliche hinausgeschritten ist, es aufgegeben und hinter sich gelassen hat? Im Unpersönlichen liegt die Unsterblichkeit, im Persönlichsein der Tod. Deshalb wachse, weite und erhebe dich, werde, was du im Innern bist! Die Götter rufen uns ohne Aufhören zu — nicht mit menschlichen Worten, sondern in jenen unhörbaren Symbolen, die zu uns durch den inneren Äther gelangen, die Herz und Seele des Menschen als spirituellen Instinkt, Sehnsucht, Liebe, Selbstvergessen wahrnehmen; und der ganze Sinn dieser lautlosen Botschaften ist: „Komm höher herauf!"

Welch seliges Empfinden ist es, unsere Verwandtschaft mit allem zu empfinden, was da ist, zu fühlen und zu verstehen und in diesem Fühlen und Verstehen zu handeln, zu handeln in jener Erkenntnis, daß wir wesensverwandt sind den Göttern, die das grenzenlose All leiten und lenken! Und wir können Zwiegespräche halten mit den Göttern, wenn wir erst einmal gelernt haben, mit dem Gotte in uns Zwiesprache zu halten.

Jedes Menschenwesen ist nur der sinnenfällige Ausdruck einer göttlichen Wesenheit, eines inneren Gottes, eines spirituellgöttlichen Wesens; es ist nur der menschliche Ausdruck, ein unvollkommener und matter Abglanz — eine schwache und unvollkommene Wiedergabe der inneren spirituellen Kräfte in menschlicher Form. Soviele Menschen auf Erden, soviele Götter in den inneren Welten.

Wenn ein Mensch des inneren Gottes bewußt geworden ist und sozusagen diesen Gott befreit hat durch die Aufgabe der nichtigen Persönlichkeit des Alltagslebens — der persönlichen Selbstheit des Menschen — und so die Ketten gesprengt hat, welche die transzendenten Kräfte des inneren Gottes binden und fesseln, dann kann der Messias, der erstandene Christus, der Erlöser eines jeden einzelnen seine erhabenen

Fähigkeiten und Kräfte offenbaren. Dann ist der Mensch zum lebendigen Christus geworden — dem Grab der niederen Selbstheit entstiegen, um aufzusteigen in die Regionen spiritueller Herrlichkeit; und das Christuslicht beginnt in ihm zu wirken. Er hat den lebendigen Buddha in seinem Wesen erweckt, oder vielmehr, er hat die Buddhische Strahlenkraft freigemacht, die schon in seiner Seele war.

Dies göttliche Wesen im Herzen eines jeden versucht stets, sich immer besser und besser durch die gefühls- und verstandesmäßige Zwischennatur zum Ausdruck zu bringen — durch das, was die menschliche Seele genannt wird. Diese innere Gottheit ist die Quelle, der Urborn, der Ursprung von allem, was den Menschen wahrhaft zum Menschen macht, was ihn groß, erhaben und edel macht, was ihm Verständnis, Erkenntnis, Mitgefühl, Liebe und Frieden gibt. Verbinde dich in der Stille mit deinem inneren Gotte, jener lebendigen inneren Tempelkammer in dir, in der du, wenn du achtsam lauschest, das Flüstern des Göttlichen vernehmen kannst, des Göttlichen, das jene Kammer erfüllt. Dort liegen Wahrheit, Weisheit, Verstehen und unnennbarer Frieden. Öffne die Pforten deiner menschlichen Selbstheit den Strahlen der göttlichen Innensonne; tritt ein in diese Kammer in deines Herzens Tiefe, werde eins mit deinem Selbst, deinem göttlichen Selbst, dem Gott in dir; *sei* der Gott, der du bist in den Tiefen deines Wesens!

4.

DIE GROSSE KETZEREI DES SONDERSEINS

DIE GROSSE KETZEREI DES SONDERSEINS

Ein auf die persönliche Selbstheit gerichtetes Denken, das Suchen von persönlicher, anstelle von spiritueller Freiheit ist der Pfad, der abwärts führt. Der Pfad des Ichs ist der Pfad zu immer tieferen Reichen und Sphären des Stoffes, bis schließlich am Ende des kosmischen Zyklus die Vernichtung kommt, wenn sich der Stoff selbst auflöst: Mâyâ, Stoff, ist Täuschung.

Strebe dem Lichte zu; pflege deine höheren Fähigkeiten. Hüte dich vor dem Trugglanz der niederen Natur, und ganz besonders vor der niederen Zwischennatur, welche die psychische genannt wird. Nichts ist so trügerisch wie die falschen Lichter Mâyâs. Oft enthalten schön aussehende Blumen tödliches Gift, entweder in der Knospe oder im Dorn oder in beiden. Ihr Honig ist todbringend, tödlich für die menschliche Seele. Suche zuerst deine spirituellen und intellektuellen Kräfte; bade dich im Lichte deiner spirituellen Natur, damit du geistiges Schauen und Willenskraft entwickelst; und dann werden diese anderen Fähigkeiten in dir von selbst, ganz natürlich und ungezwungen erwachen.

Das Gesetz der Gesetze des Alls ist Selbstvergessen, nicht Konzentration der Aufmerksamkeit auf unsere persönliche Freiheit, nicht einmal auf unsere Individualität. Das Grundgesetz des Alls will, daß wir für alle Dinge leben und nicht, daß jeder für sich lebe, um für sich die inneren spirituellen Kräfte zu entfalten. Die Weisung, die inneren, spirituellen Kräfte zu entwickeln, ist wohl richtig als allgemeine Forderung, doch ist sie als solche auch irreführend, gefährlich, unweise und deshalb ungeeignet als Regel esoterischer Schulung, es sei denn, sie werde richtiggestellt, ergänzt durch folgenden Zusatz: Gib auf dein Leben, so du es finden willst. Lebe für das Wohl der Menschheit, denn dies ist der erste Schritt. Wenn du die Sonne schauen willst, dann laß die Erde mit ihren Wolken hinter dir.

Die große Ketzerei und wahrhaft einzige Ketzerei ist der Gedanke, daß irgendetwas getrennt, gesondert und im Wesen verschieden sei von anderen Dingen, Dies ist eine Abirrung von natürlicher Tatsache und Gesetz, denn die Natur ist nichts als Zusammengliederung, Zusammenwirken und gegenseitige Hilfeleistung; und die Regel der fundamentalen Einheit ist vollkommen universal: jedes Ding im Universum lebt für alle anderen Dinge.

Dieses Gefühl des Getrenntseins ist die Ursache und Wurzel allen Übels. Es erzeugt die Leidenschaft des persönlichen Habenwollens: *Ich will für mich, ich bin, mein eigen.* Und der Wahn des persönlichen Sonderseins, der Glaube, daß wir von allen andern völlig getrennt, völlig verschieden seien, verhindert uns, zu jenem inneren Gott zu werden. Denn wenn wir zu jenem inneren Gott geworden sind, werden wir bewußt eins mit dem Universum, dessen Kinder wir sind, von dem wir ein unlösbarer Teil sind; und dies verbindet uns mit einem Quell unerschöpflicher Kraft, unbegrenzter Weisheit, da wir an dem Born der Inspiration trinken, welche dem Herzen des Alls entströmt. Jeder hat seine Wurzel und seinen Ursprung in dem All-Ozean der kosmischen Lebens-Intelligenz-Substanz.

Selbstsucht macht engherzig. Sie ist die

Grundlage aller Entartung, jedes moralischen Verfalls, aller geistigen und körperlichen Schwäche; sie läßt uns verkümmern, sie legt Fesseln um uns und läßt uns keinen Raum zu Entfaltung und Wachstum. Die Selbstsucht ist die Wurzel allen Übels und deshalb die Wurzel geistigen Unvermögens, von Unzulänglichkeit, Kraftlosigkeit, von Mangel an Urteil und Unterscheidungskraft und von Herzlosigkeit. Die Selbstsucht ist deshalb der fruchtbare Boden, dem alles Unglück und alle Leiden entstammen. Alles, was die eingeborenen Fähigkeiten des Menschen verkümmern läßt, entspringt der Selbstsucht. Sie ruft in uns beklagenswerte und schädliche Anschauungen wach, die uns an unseren beschränkten kleinen Gedankenkreis binden. Dann sind wir ein Gefangener im Kerker unserer eigenen Selbstsucht und deshalb in des Lebens edelsten Kämpfen schrecklich gehemmt. Die Selbstsucht macht uns zu einem Gefangenen, und unser Gefängnis ist unser niederes Selbst.

Oh, welch ein Gefühl der Freiheit, von wahrem Menschentum, wenn wir das Gefängnis der niederen Selbstheit verlassen und unser Einssein mit dem All erahnen!

Denn in aller Wahrheit sind wir dieses All in den geheimen, mystischen Tiefen unseres innersten Seins.

Es sind Selbstsucht und Unwissenheit, welche die Ursache von Streit und Zwietracht unter den Menschen bilden. Denn beim Suchen ihrer selbst gebrauchen die Menschen die Kräfte der Natur zu persönlichen und selbstischen Zwecken — manchmal mit Überlegung, manchmal halbbewußt. Dies geschieht durch unseren freien Willen, welcher an sich nichtsdestoweniger eine göttliche Macht oder Fähigkeit ist.

Wir haben einen Willen, er ist frei. Wir sind ein Teil der Energien des Universums, denn wir sind von ihm unlösbar. Wir gebrauchen unseren Willen manchmal recht und manchmal falsch. Wenn wir ihn recht gebrauchen, sehen wir die wundersamen Geheimnisse im Herzen und Antlitz unserer Mitmenschen und erkennen die Größe ihres innersten Seins; denn Größe ist auch in uns, und sie erkennt immer, was groß ist. Und wenn wir diese Kräfte falsch, unrecht benützen oder Mißbrauch damit treiben, so bedienen wir uns der farblosen Kräfte des Universums, doch tun wir es zum Üblen, da wir Gewinn für das Selbst suchen. Da wir freien Willen haben, gebrauchen wir diese Energien, und wir tun es in Unkenntnis des Gesetzes — des Gesetzes der Natur.

Nichterkenntnis ist ein Fluch für den Menschen. Wenn wir wüßten, was wir tun, wenn wir wüßten, daß wir die Kräfte des Universums in Unordnung bringen, indem wir in uns und in anderen schlimme Leidenschaften erwecken, könnten wir jene Grundwahrheit der Natur erkennen, daß alle Dinge eine gemeinsame Wurzel in unendlichem Frieden und Harmonie haben; dann würde kein vernünftiger Mensch in sich Unstimmigkeit und Übelwollen dulden, sondern er würde danach streben, seinen Brüdern Hilfe und Erleuchtung zu bringen.

Nichterkenntnis ist der größte Feind des Menschen. Und die Frucht der Nichterkenntnis ist Unglück, Leid, Schmerz, Krankheit und Kummer.

Die Selbstsucht ist etwas Unedles. Sie ist auch sehr unklug, weil es nichts gibt, das uns wie die Selbstsucht niederhält und unsere Füße im Schlamm der niederen Selbstheit stecken läßt. Der Weg zum Erfolg besteht im Auslöschen des Persönlichen, im Unpersönlichwerden, sodaß unsere Füße von dem Schlamm und dem anhaftenden

Schmutz des Stoffdaseins nicht behaftet sind. Das Gesetz ist dasselbe für alle: Sei unpersönlich, werde selbstvergessend!

Ein Mensch, der an nichts anderes denkt, als an sich selbst, — *ich, meine* Pläne, *mein* Besitz, *meine* Wünsche, *mein* Denken —, spinnt um sich ein dichtes Gewebe unvollkommener häßlicher Selbstheit, durch welches nichts scheinen kann, und welches ihn gleich einem Demantwall umgibt, härter und dauernder als Stahl.

Wir sind in der Tat von Schranken umgeben, die wir selbst gebaut und aufgerichtet haben aus unserem eigenen Gedankengewebe, und unsere schlimmsten Schranken sind in uns. Wenn das menschliche Bewußtsein sich weitet und wächst, so zerbricht es die Mauern, die es einengen und zerreißt die Fesseln, die es am freien Ausdruck hindern, und der innere Glanz ergießt sich nach außen.

Starrheit des Denkens, Starrheit der Anschauungen sind Schranken für wahren spirituellen Fortschritt, denn sie bedeuten Dogmatismus und Selbstzufriedenheit; sie bedeuten, um ein anderes Bild zu gebrauchen, das Verschließen der Tore des Gemüts gegen eine neue Wahrheit; denn der

Mensch ist in seiner Seele nie starr und unbeweglich, *es sei denn, daß er selbstzufrieden ist;* und es gibt nichts, was das innere Schauen so sehr der Wahrheit gegenüber blind macht als Selbstzufriedenheit. Man bedenke auch, daß die meisten Menschen nur kurze Zeit selbstzufrieden sein können, aber niemals sehr lange.

Dagegen ein offener Sinn, ein lebendiger Intellekt, der Wunsch nach unverschleierter spiritueller Wahrnehmung, die Bereitschaft, die Wahrheit zu empfangen und sie andern aus der vollen Sympathie des Herzens mitzuteilen, dieses alles ist eine Gewähr für wahren spirituellen Fortschritt und ein Zeichen dafür, daß es auf dem Pfade spiritueller Entwicklung vorwärts geht.

Hütet euch daher vor Starrheit; haltet vielmehr das Gemüt offen und den Verstand bereit, die Wahrheit in irgendeiner Form zu erfassen, in der sie sich euch darbieten mag. Eine unverschleierte spirituelle Wahrnehmung erfordert lediglich die Aufgabe des Persönlichen in Meinungen und Ansichten sowie die Aufgabe der Selbstzufriedenheit. Das Unpersönliche sehen, das ist eine unverschleierte spirituelle Wahrnehmung.

Was vor allen andern Dingen dem Licht den Zugang versperrt, ist das Empfinden, das in die Worte gekleidet werden kann: „Ich weiß alles, was ich zu wissen nötig habe". Selbstsucht! Dieses Gefühl entspringt reinem Ich-Bewußtsein. Das Gegenteil von Selbstsucht ist das unpersönliche Schauen spiritueller Wahrheiten, die in unserer Seele wirken und sie so zur Aufnahme unpersönlicher, universaler Eindrücke vorbereiten.

Alles, was dich von deinem tierischen Selbst entfernt, alles, was dich dein persönliches Sein vergessen läßt und dich hinausführt in die große Weite der Natur und in dir Gedanken mitleidsvoller, unpersönlicher Dienstleistung erweckt, ist ein Mittel für spirituelles Wachstum. Welch ein Trost, welch eine Hoffnung, welch eine Erleichterung, welch ein Frieden, sich selbst zu vergessen!

Alles, was uns von uns selbst wegführt aus dem kleinen Kreise persönlicher Begrenzungen, selbstischer Ideen und falschen Wahnes, egoistischer Gedanken und Gefühle, hin zu unpersönlicher Dienstleistung, alles, was uns dazu bringt, etwas zu pflegen und zu hegen in selbstvergessenem Bemühen für andere, das ist für uns eine große, spirituelle Hilfe. Einen Baum pflanzen, eine Blume pflegen, um das Ergehen eines anderen besorgt sein, Beschäftigung mit einem Buch, mit schriftstellerischen Arbeiten, mit der Maschine, mit dem Werkzeug oder was es sonst sein mag: irgendetwas, das uns das persönliche Selbst vergessen läßt — Selbstvergessen! —, verhilft uns zu spirituellem Wachstum. Welch ein Segen wird dem zuteil, der dies beherzigt! Das ist das Geheimnis des Rufes der Religionen. Es führt zum Vergessen des niederen, persönlichen Selbstes. Dasselbe Ergebnis wird erreicht durch ungehemmte Freigabe der spirituellen Kräfte im Innern zu irgendeinem unpersönlichen Werke.

Süß sind die Früchte des Selbstvergessens — des vollständigen Vergessens unserer Persönlichkeit in etwas so Schönem und Unpersönlichem, daß Menschenzunge es nicht beschreiben kann! Denn Selbstvergessen, Mitleid, Erbarmen und Frieden sind die Früchte der kosmischen Harmonie, welche das Herz des Universums selbst ist. Wer diese Tatsache zu erkennen beginnt,

und um so schwerer, je weiter er in seiner Entwicklung fortgeschritten ist.

Wir machen uns zu eben dem, was wir sind; und wir sind zugleich unseres Bruders Hüter, weil jeder von uns, *jeder einzelne von uns,* verantwortlich ist für eine äonenlange Kette der Verursachung. Es herrscht Gesetzmäßigkeit in diesem Universum; die Dinge werden nicht vom Zufall regiert; und der Mensch kann nicht denken oder sprechen oder handeln, ohne andere Wesen zu ihrem Wohl oder Wehe zu beeinflussen.

Säe eine Tat und du wirst eine Gewohnheit ernten. Säe eine Gewohnheit und du wirst ein Schicksal ernten, da die Gewohnheit den Charakter aufbaut. Dies ist die Reihenfolge: eine Tat, eine Gewohnheit, ein Charakter, ein Geschick. Du bist der Schöpfer deiner selbst. Wozu du dich jetzt bereitest, das wirst du in der Zukunft sein. Was du jetzt bist, eben dazu hast du dich in der Vergangenheit gemacht. Was du säest, das wirst du ernten.

Wenn du für dich säst, zu rein selbstsüchtigen Zwecken, so wirst du entsprechend ernten. Der Mensch, dessen rechtes Handeln nicht lediglich der Liebe zum

Guten entspringt und der rechtes Handeln nicht als etwas an sich selbst Schönes empfindet, sodaß er nur gut ist, um etwas dafür zu bekommen — ein größeres Glück, eine bessere Zukunft, einen besseren Körper — der hat seine gute Saat schon mit einer ganzen Handvoll Unkrautsamen — seinem selbstsüchtigen Begehren — verdorben. Nichts macht so klein als das Persönliche. Nichts wird deine Seele in ihrer Stärke so hemmend beeinflussen, als wenn du dein Denken ganz und gar auf deine eigenen selbstsüchtigen, persönlichen Angelegenheiten richtest und darüber das Wohl anderer außer acht läßt.

Der Mensch, welcher zuerst an andere denkt, ist schon groß. Der Mensch, welcher um anderer willen sein Leben hingibt, ist schon groß. Der Mensch, welcher in unpersönlichem Dienste an der Menschheit sich selbst vergißt, ist am größten. Und solch ein Mensch erntet ein gottgleiches Geschick, da er sich einen gottgleichen Charakter erworben hat.

Die Natur verlangt von allen Menschen Zusammenarbeit, Bruderschaft, Güte, Liebe, Selbstvergessen, Wirken für andere. Der Selbstsüchtige geht immer, früher oder später, zugrunde. Der Böse mag eine Weile gedeihen, doch nicht lange. Selbstsucht ist Schrumpfung. Sie bedeutet Kälte, sie ist das Gegenteil von der weitenden, warmen Macht der Liebe.

Die Natur wird nicht lange hartnäckige Selbstbevorzugung auf Kosten anderer dulden, denn das Herz der Natur ist Harmonie, das Gefüge und der ganze Aufbau des Universums ist auf Zusammenordnung, Zusammenwirken, spirituelle Vereinigung eingestellt. Und der Mensch, der unentwegt und unbedingt nur sich selbst lebt, endet in jenem fernen Lande des „Mystischen Westens", dem Lande der verlorenen Hoffnungen, dem Lande des spirituellen Verfalls, denn die Natur will nichts mehr von ihm wissen. Er hat seinen winzigen, unentwickelten Willen den mächtigen Strömen des Kosmos entgegengestellt, und früher oder später wird er auf eine Sandbank am Lebensstrome gespült, wo er zugrunde geht. Die Natur kann dauernde und hartnäckige Selbstsucht nicht dulden.

Betrachtet einen Baum. Betrachtet euren Körper. Beide sind aufgebaut aus einer großen Menge kleinerer Teile, geringerer Wesenheiten, die alle zusammenwirken und vereint das Ganze bilden, in dem sie alle leben und atmen und ihr Sein haben, und in dem sie an dem gemeinsamen Leben teilhaben.

Wenn ein Mensch harmonisch handelt, so handelt er in Übereinstimmung mit universalem Wirken und Gesetz. Harmonie in Gewissen und Denken und daher im Handeln ist das, was die Menschen unter Ethik verstehen. Ethik ist kein Übereinkommen, auch nicht Moral. Sie haben ihre Wurzel in der Harmonie, in den Grundgesetzen des Seins. Sie sind auf die Harmonie gegründet, welche den Bau des Universums bestimmt.

Der ethische Instinkt entspringt aus unserer inneren Konstitution. Er stammt aus unserem spirituellen Wesen, welches Harmonie, Ordnung, Schönheit, Größe und Majestät erkennt — Schönheit des Denkens, des Sehnens und Fühlens, Schönheit der Tat.

Erkenntnis ist das Kind von Liebestaten — dies ist eine der erhabensten Wahrheiten. Von den Mysterien, den höheren Mysterien kann niemand wissen, dessen Herz nicht von Liebe, von überfließender Liebe erfüllt ist. Und diese Erkenntnis kommt durch den Gebrauch der spirituellen Kräfte in uns. Diese zu gebrauchen aber finden wir immer hinreichende Gelegenheit im Vollbringen von Taten der Liebe, in brüderlichem Denken und Handeln, indem wir anderen helfen und sie teilhaben lassen an den Segnungen, deren wir uns erfreuen.

Oh, wie edel und groß ist es, wenn die Menschen ihre Allverbundenheit untereinander fühlen, wenn ihre Herzen vom Hauch allmächtiger Liebe berührt werden, wenn ein Ahnen der Tatsache unserer gemeinsamen Bruderschaft in sie eingeht und sie bereit sind, zum Wohle der Menschheit zu leben. All dies ist erhaben und herrlich!

5.

LIEBE
IST DAS BINDEMITTEL
IM WELTALL

LIEBE IST DAS BINDEMITTEL IM WELTALL

Die Liebe weist den Weg und erhellt den Pfad. Liebe ist das Hinausströmen des alles durchdringenden Lichtes, der Buddhischen Strahlenkraft, des Christus-Lichts im Herzen des Universums: jene Liebe, die, in Göttern und Menschen wirkend, uns die Schönheit erkennen läßt, wenn wir sie sehen, vor allem innere Schönheit, die uns Größe und Glanz in anderen erschließt, nachdem wir die Größe und den Glanz in unserem eigenen innersten Wesen erkannt haben.

Die Liebe ist es, die das Weltall zusammenhält. Sie hält alle Dinge an ihrem Platze und in ewiger Obhut. Ihr eigentliches Wesen ist himmlischer Friede, ihr eigentliches Merkmal die Harmonie im Kosmos. Sie durchdringt alle Dinge, ist keinerlei Grenzen unterworfen und nicht dem Tode ausgesetzt, sondern ist unendlich und ewig:

Sie ist das Herz im Herzen von allem, was ist.

Die Liebe ist das Wundersamste und Heiligste, was die Menschen kennen. Sie verleiht dem Menschen Hoffnung. Sie erfüllt sein Herz mit hoher Sehnsucht. Sie läßt seine edelsten Eigenschaften zum Durchbruch kommen, die Selbstaufopferung für andere. Sie bringt Selbstvergessen und verleiht Frieden und Freude ohne Ende. Sie ist das Edelste, was es in der Welt gibt.

„Liebet einander" — ein schöner Spruch, denn es ist ein Appell an unsere innerste Natur, an das Göttliche in uns, an den inneren Gott, dessen Wesen ein himmlischer Glanz ist. Das ureigenste Licht von uns ist allmächtige Liebe.

Die Liebe ist ein Schutz und Schirm. Die Liebe ist mächtig, sie ist alldurchdringend, und je unpersönlicher sie ist, desto höher ist sie und desto mächtiger. Sie kennt keine Grenzen, weder von Raum noch Zeit, denn sie ist der Natur ureigenstes Wirken, das Grundgesetz der Natur, und ist das universale Band, das alle Dinge umschlingt. Sie wird nicht nur die Hartnäckigkeit des steinharten Herzens zum Wanken bringen und den undurchdringlichsten Panzer um ein menschliches Gemüt sprengen, sie wird auch ihre lebenspendende Wärme überallhin verstrahlen. Nichts kann ihren Durchgang hindern, denn sie ist die Lebensessenz des Alls. Denn alle Wesen und Dinge sind in letzter Zergliederung eins, sie sind alle in dem einen LEBEN verwurzelt und durch alle fließt der stetige, ununterbrochene Strom allmächtiger Liebe.

Die Liebe ist die große Anziehungskraft, welche Ding zu Ding, Menschenherz zu Menschenherz bindet; und je höher wir in der Entwicklung aufsteigen, desto inniger umrankt die Liebe alle Fasern unseres Wesens, oder — um es anders auszudrücken — desto mehr weitet sich das Menschenherz in Liebe, bis es schließlich das ganze All umfängt, sodaß man dazu kommt, alle Dinge, groß und klein, zu lieben, ohne Rücksicht auf Zeit und Ort. Oh, die Glückseligkeit dieses Empfindens, dieser Erkenntnis! Sie ist göttlich, denn die Liebe, die unpersönliche Liebe ist göttlich!

Die persönliche Liebe ist nur ein Abglanz der göttlichen Liebe, der unpersönlichen Liebe; die persönliche Liebe ist dem Irrtum unterworfen, da ihr Lichtstrahl nur schwach ist. Alles, was als leitende Ursache den

Wunsch nach persönlichem Gewinn hat, ist nicht wahre Liebe.

Bei persönlicher Liebe beginnen die Schleier der Persönlichkeit sich vor dem inneren Auge zu verdichten, da persönliches Begehren sich in unserer Aura — der uns umgebenden psychischen Atmosphäre — ansammelt und verdichtet und niederschlägt. Und dies verursacht das Dichterwerden der psychischen Schleier, welche das innere Schauen und Verstehen verdunkeln. Die Essenz wahrer Liebe ist Selbstvergessen, und für diese Regel gibt es keine Ausnahmen.

Sind eines Menschen Herz und Gemüt lediglich mit persönlicher Liebe angefüllt, dann liebt er wohl dieses, doch nicht jenes, dann liebt er wohl hier, doch nicht dort, oder umgekehrt. Mit anderen Worten, seine Liebe ist umso beschränkter, je persönlicher ihr Charakter ist. Dies ist jene Art von Liebe, welche nicht völlig wahr, welche begrenzt ist.

Unpersönliche Liebe ist etwas Liebliches, Schönes, und hat nichts von den Dingen an sich, die wir alle verabscheuen. Sie ist immer gütig gegen alle Dinge und jedermann —, gegen alle Wesen und Dinge, ob sie groß oder klein seien; sie ist intuitiv.

Verantwortlichkeits - Bewußtsein, Vertrauen, Zutrauen, Liebe — diese bringen in der Tat Glück, Stärke und Freude. Pflegt sie! Wessen Herz aber mit rein persönlichen und begrenzten Gefühlen und Gedanken erfüllt ist, der kann diese großen Eigenschaften nicht erkennen oder in sich fühlen. Sein Herz hat keinen Raum für sie, kann sie nicht hereinlassen, weil es mit nur persönlichen Dingen angefüllt ist.

Denn persönliche Liebe kann nie eine Verantwortung tragen, hat kein Verantwortungsbewußtsein. Sie kann kein Zutrauen, kein wahres Vertrauen hegen. Sie kann nicht das Letzte geben, denn das „ich" ist da zu jeder Zeit, und sein einziger Gedanke ist: für mich, für mich, *für mich*. Dies ist das Unglück in der Welt von heute; und von allem Leid und aller Sorge würde ein großer, sehr großer Teil dahinschwinden, wenn Männer und Frauen einander unpersönlich lieben, der Mann den Mann lieben und einer den andern als Helden sehen könnte, und das Weib Vertrauen in ihr eigenes Geschlecht hätte, was ihr das innere Schauen — das Erhabene Schauen — verleihen würde. Eben diese selbstische, persönliche Liebe ist es, die Leid, Schmerz und

Elend ins menschliche Leben gebracht hat, geradeso wie unpersönliche Liebe läutert und reinigt und das Herz froh macht.

Es ist etwas Schönes um ein Herz, das sich hingeben kann ohne den Gedanken an Lohn oder an ein schmerzhaftes Empfinden, welches dem Geber eine Zeitlang aus seiner Hingabe erwachsen kann. Jene Liebe, welche ohne Gedanken an das Selbst gegeben wird, welche weder Grenzen noch Hemmungen hat, welche bedingungslos ist, ist göttlich. Wahre Liebe ist immer unpersönlich.

Liebe ist Friede. Liebe ist Harmonie. Liebe ist Selbstvergessen. Liebe ist Stärke, Kraft, inneres Schauen, Entwicklung. Ihre Macht weitet die innere Natur in solchem Maße, daß wir langsam Zuneigung gewinnen, weil wir eins werden mit dem gesamten Heim-Universum, in dem wir leben, uns bewegen und unser Sein haben. Und weil sie die Harmonie selbst ist, da sie aus dem innersten Wesen, aus dem Herzen des Universums kommt, werden wir eins mit dem Göttlichen im Herzen aller Dinge.

Die unpersönliche Liebe ist göttlich. Sie erleuchtet das Herz, sie weitet das Gemüt, sie erfüllt die Seele mit einem Ahnen ihres Einsseins mit allem, was ist, sodaß wir keinem Mitgeschöpf weh tun können, so wenig wir dem, was uns auf Erden das Liebste ist, absichtlich ein Leid zufügen können.

Die Liebe ist mächtig. Sie ist das Größte im Menschenleben, weil sie das Größte im Leben der Götter ist, von dem das menschliche Leben nur ein armseliger, matter Abglanz ist. Unsere ganze Natur gießt ihren glanzvollen Strom der Allsympathie hinaus. Das Leben wird veredelt von allem Anfang an, und wir sehen vor uns am fernen Horizont der Zukunft ein völliges Verstehen von allem, mit allem und ein Verschmelzen aller Wesenheiten und Dinge zu einem Bewußtsein, aus welchem Haß, Zwietracht, Hader und Nichtverstehen verschwunden sein werden.

Ein schwacher, sehr schwacher Abglanz dieser Liebe ist die Liebe eines Menschen zu einem andern, doch ist sie wenigstens der Anfang des Selbstvergessens. Wenn einmal die Seele von dem heiligen Glanze unpersönlicher Liebe erleuchtet ist, dann erst leben wir wirklich.

Die unpersönliche Liebe fragt nicht nach Lohn. Sie gibt alles und gibt damit sich selbst. Die Liebe ist Erleuchtung. Sie ist

Inspiration. Sie öffnet die Tore des Gemütes, weil sie die Bande der niederen Selbstheit sprengt, welche den inneren Gott fesseln. Wer unpersönliche Liebe hegt, aus dem strömt göttliches Feuer, und er wird wirklich zum Menschen.

Liebe ist eine starke Macht. Vollkommene Liebe vertreibt die Furcht. Wessen Herz von Liebe und Mitleid erfüllt ist, dem bleibt Furcht fremd: es ist kein Raum für sie in seinem Herzen. Wer die Alliebe in sich trägt, der verbindet sich mit unsichtbaren kosmischen Mächten, und er wird spirituell und intellektuell hellsehend und stark. Er wird nie etwas fürchten, solange sein Herz mit Liebe und Verstehen erfüllt ist, weil die Liebe, die vollkommene Liebe, Verstehen bringt. Armut bereitet dann keine Furcht, ebensowenig der Tod.

Man kann die Furcht überwinden, indem man sich im Geiste Bilder von hohen und edlen Taten und Gedanken der Tapferkeit und des Mutes ausmalt. Man führe zunächst in Gedanken mutige Taten aus. Man beobachte und bewundere den Mut anderer. Man gewöhne sich daran, alles Mutige zu lieben, um ihm dann zu folgen. Dann wird auch uns Mut werden und die Furcht wird dahinschwinden gleich den Nebeln der Nacht beim Sonnenaufgang. Hier liegt das Geheimnis der Überwindung der Furcht: durch den Gebrauch der schöpferischen Einbildungskraft.

Dies sind praktische Regeln der Ethik, praktische Regeln menschlichen Verhaltens, und es ist bedauerlich, daß die Menschen sie aus den Augen verloren haben. Solange der Mensch sich selbst liebt, wird er der Furcht untertan sein, denn dann wird er sich vor allem fürchten, was da kommen und seine Eigensucht stören könnte: Furcht vor dem Wagnis, vor der Tat, vor dem Gedanken, vor Verlust. Und dann wird der Verlust erst recht kommen. „Was ich befürchtete, ist eingetroffen!" Es ist stets so.

Die Großen unter den Menschen fürchten nichts, sie wagen, handeln, gehen vorwärts. Sie sind die Tätigen, sie sind auch die Denker der Welt, denn immer sind sie frei von Furcht. Sie lieben ihre Taten, deshalb haben sie keine Furcht.

Der Starke ist stark, weil er liebt, nicht weil er haßt. Der Schwächling haßt, weil er klein und beschränkt ist. Er kann eines anderen Schmerz und Leid nicht sehen, nicht fühlen, noch kann er eines andern

Standpunkt begreifen. Wer aber Liebe hat, erkennt seine Verbundenheit mit allen Dingen. Seine ganze Natur strahlt seine innere Schönheit hinaus, weitet sich mit dem inneren Feuer, das in schönen und harmonischen Gedanken und damit in schönen und guten Taten hinausleuchtet. Seine Züge werden weich und gütig. Er flößt niemand Furcht oder Haß ein.

Unpersönliche Liebe hat etwas Magisches an sich. Sie wirkt Wunder. Sie erweicht selbst Herzen aus Stein. Nichts, nicht einmal der Haß kann ihren Durchgang hindern. Folge dem alten Gesetz: Hasse nicht. Überwinde den Haß durch Liebe. Vergelte nicht Haß mit Haß, denn dadurch würdest du nur eine unheilige Flamme nähren. Erwidere den Haß mit Gerechtigkeit und Mitleid. Erwidere Ungerechtigkeit mit Gerechtigkeit. So verbindest du dich mit den spirituellen Mächten der Natur, und so wirst du ein Kind des kosmischen Lebens, welches hinfort durch dein Herz mit dem Rhythmus der Unsterblichkeit pulsieren wird.

Bleibe dir selbst getreu und erweitere den Kreis deiner Sympathien, berühre mit den Fühlfäden deines Bewußtseins die

Herzen anderer Menschen. Oh, welche unsagbare Freude, das innere Vibrieren unserer Seele zu empfinden, wenn sie das Herz eines anderen berührt hat!

Laß dein Herz sich weiten durch die göttlichen Energien, die in ihm schlummern: Liebe, Mitgefühl, Erbarmen, Verstehen, Güte, das Erschauen der Schönheit im Lichte der Liebe und der Liebe im Lichte der Schönheit, die sie selbst ausstrahlt!

Sei gütig. Verschließe dein Herz dem Haß. Laß dein Herz sich weiten.

Eine andere Stufe, welche zu dem Pfade göttlicher Liebe emporführt, ist Vergeben. Das Vergeben ist die Herzensregung, welche dich den ersten Schritt auf dem Weg nach oben machen lassen wird. Es ist in der Tat eine der Stufen zur göttlichen Liebe. Wahres Vergeben erfordert Charakterstärke, wahres Menschentum, wahre Unterscheidungsfähigkeit und intellektuelle Kraft. Es ist die Weigerung, einem etwas nachzutragen, einen Groll zu hegen und Haß in sich zu dulden. Verzeihen heißt, auch das Herz von diesen schlechten und herabwürdigenden Trieben zu läutern.

Ein Beispiel: Man hat dir Unrecht getan. Was wirst du tun: Willst du Groll und

Haß hegen, die Zeit abwarten, in der du mit derselben Münze zurückzahlen wirst, um so das Leid und Herzensweh der Welt um ein Doppeltes zu vermehren? Oder wirst du sagen: Nein, ich will vergeben; ich selbst habe den Weg zu diesem Unrecht freigemacht, ich selbst habe in der Vergangenheit den Grund zu diesem Leid für mich gelegt? Der Unglückliche, der mir das angetan hat! Ich will ihm vergeben.

Wer Böses tut, weiß nicht, was er tut. Er ist schwach und blind. Wer aber ein verzeihendes Herz hat, ist sehend, ist stark, denn die Liebe verzeiht alles, und sie tut dies deshalb, weil sie Mitfühlen und Verstehen hat. Verstehen verleiht Einsicht.

Lerne vergeben und vergib, wenn Vergebung vonnöten ist. Nicht das bloße Verzeihen mit den Lippen ist gemeint oder daß wir uns nicht versucht fühlen zu hassen, sondern jenes Verzeihen, welches ein Hervorrufen der inneren Stärke bedeutet. Laß Liebe aus dir strömen, wenn ein niedriger und selbstischer Antrieb des Hasses in dir waltet, denn Liebe bedeutet dann eine spirituelle Schulung, welche auf innere Stärke und Größe hinweist.

Dies bedeutet eine große Stärkung unseres inneren Wesens. Die Anstrengung und das Ergebnis legen Streitigkeiten bei, lindern Nöte, regen Vertrauen und gütiges Fühlen an; und zu dem, der aufrichtig und erfolgreich vergibt, kommt ein Frieden und ein Stärkebewußtsein, die durch nichts anderes vermittelt werden können.

Vergib und liebe deinen Nächsten und laß jene Liebe, die dein Herz mit ihrem heiligen Lichte erfüllt und dein Gemüt mit ihrem göttlichen Glanze erleuchtet, hinausgehen zu allem, was da lebt, und laß keine Hemmungen und Schranken sie auf ihrem Wege hindern und dein Lohn wird groß sein. Denn Liebe ruft nicht nur wieder Liebe in anderer Herzen wach, sondern hebt auch dich selbst höher empor. Sie bringt nicht nur in den Seelen derer, die du liebst, Schönes zum Erwachen, sondern sie entwickelt auch deine eigenen Fähigkeiten und Kräfte.

Vergib und liebe, und du stellst deine Füße damit auf jenen Pfad, der dich geradeaus zu der spirituellen Sonne hinführt, welche ewig aufgeht und Heilkräfte durch ihre Schwingungen ausströmen läßt. Vergib und liebe, und ehe du dich dessen versiehst, wirst du den sanften Hauch der buddhischen Strahlenkraft — des Christosgeistes — empfinden, der durch dein ganzes Wesen strömt. Du wirst dann zu einer wohltätigen Macht auf Erden, nicht nur geliebt von deinen Mitmenschen, sondern ein Segen für alle Wesen. Du wirst dann damit anfangen, von den erhabenen Kräften und Fähigkeiten, die dem Gotte in dir eigen sind, den richtigen Gebrauch zu machen. Du wirst alle Dinge verstehen, weil die Liebe hellsehend und eine mächtige Kraft ist.

Lerne vergeben, denn es ist erhaben! Lerne lieben, denn es ist göttlich!

6.

DER CHELA-PFAD

Wahrlich schön ist das Band, welches Lehrer und Jünger verbindet. Auf Seiten des Jüngers das Gefühl vollkommenen Vertrauens und höchster Liebe, so daß nichts von seinem Empfinden vor seinem Lehrer verborgen bleiben kann, und auf Seiten des Lehrers das Verstehen, das Mitfühlen, die Liebe, ja manchmal oder oft Anerkennung. Wenn der Jünger seinem Lehrer gegenüber Dankbarkeit empfindet, so hat auch der Lehrer das gleiche Gefühl für seinen Jünger, denn er sieht in ihm das keimende Leben eines neuen Meisters des Mitleids, das in kommenden Aeonen erblühen soll.

Sei guten Mutes! Folge dem Pfade, den du eingeschlagen hast. Folge ihm getreulich trotz der Fehler, die du machen magst, und der Hindernisse, die du zu überwinden haben wirst. Folge jenem Pfade, welcher immer tiefer nach innen führt, zu dem Gotte in dir. Er wird dich zum Herzen des Alls führen. Und wenn du auf diesem Pfade

DER CHELAPFAD

Wahrlich schön ist das Band, welches Lehrer und Jünger verbindet. Auf seiten des Jüngers das Gefühl vollkommenen Vertrauens und höchster Liebe, sodaß nichts von seinem Empfinden vor seinem Lehrer verborgen bleiben kann; und auf seiten des Lehrers das Verstehen, das Mitfühlen, die Liebe, ja manchmal oder oft Anerkennung. Wenn der Jünger seinem Lehrer gegenüber Dankbarkeit empfindet, so hat auch der Lehrer das gleiche Gefühl für seinen Jünger, denn er sieht in ihm das keimende Leben eines neuen Meisters des Mitleids, das in kommenden Aeonen erblühen soll.

Sei guten Muts! Folge dem Pfade, den du eingeschlagen hast. Folge ihm getreulich trotz der Fehler, die du machen magst und der Hindernisse, die du zu überwinden haben wirst. Folge jenem Pfade, welcher immer tiefer nach innen führt, zu dem Gotte in dir. Er wird dich zum Herzen des Alls führen. Und wenn du auf diesem Pfade vorwärtsschreitest, wirst du zunehmen an innerer Kraft, werden deine inneren Fähigkeiten sich steigern, werden die spirituellen und intellektuellen Teile deines Wesens sich entfalten, und damit werden sich vor dir Tore auftun, durch welche du bei jedem neuen Wendepunkt immer weiter nach innen, dem Herzen des Universums entgegenblicken kannst.

Jede Einweihung ist nur das Öffnen eines neuen Tores der Erfahrung in den Reichen des inneren Lebens. Jedes neue Tor schließt sich hinter dir auf immerdar. Nie kannst du wieder zurückschreiten. Aber wenn du dich auch eine Zeitlang mit gesteigerten Fähigkeiten, mit vermehrter Macht, mit neuen inneren Kräften in einer neuen Welt befindest, so wirst du doch immer wieder ein neues Tor vor dir sehen. Diese „Tore" werden auch „Schleier" genannt, und wenn ein Schleier vor dir fällt, findet sich immer wieder ein anderer dahinter. Jede neue Tempelkammer, von der anderen durch einen Schleier getrennt, ist von einem größeren Lichte als die zuletzt durchschrittene erfüllt.

Groß ist der Lohn jener, die erfolgreich sind — in der Tat unaussprechlich herrlich.

Und dieser Erfolg ist nur der erste in einer Reihe noch größerer Erfolge. Denn jeder Schritt vorwärts öffnet eine neue Reihe von Möglichkeiten in dem endlosen und ewig wechselnden Panorama des universalen Lebens. Jeder Schritt nach vorwärts führt in größeres Licht, zu dem im Vergleich das frühere Licht nur Schatten ist. Doch der heilige Glanz der Wahrheit, des Lichts und der Liebe scheint durch jeden Schleier; und jenes Licht wohnt immer in dir, denn es ist dein innerstes Selbst.

Wenn du eins wirst mit deinem innersten Selbst und Schleier um Schleier von verdunkelnden persönlichen Hüllen fallen — seien diese Hüllen physisch oder astral, psychologisch oder mental oder selbst spirituell — wenn du mehr und mehr nach innen oder aufwärts gehst, dann kommst du dem inneren Gotte immer näher, welcher die Lebensessenz jener Wahrheit ist; und daher wird, wenn du dies wirst, aus dem rein menschlichen Bewußtsein universales Bewußtsein. Der Gott in dir ist einer der spirituellen Bausteine des grenzenlosen Universums, und das grenzenlose Universum ist ein Gewebe aus Bewußtsein. Erkenne dich selbst und du wirst alle Dinge erkennen.

Der Pfad des Wachstums ist kein schwieriger Pfad. Er wird ein steiler und dorniger Pfad genannt, doch ist er dies nur für den selbstischen, egoistischen, leidenschaftlichen, niederen Menschen. Der Weg des Geistes ist der Weg des Lichts, der Weg des Friedens, der Weg der Hoffnung, er ist der Weg zur Sonne. Stelle deine Füße fest auf diesen Pfad, folge ihm und schreite vorwärts!

Auf diesem steilen Pfade wird der Strebende durch die Liebe seines Führers gehalten, doch muß er jeden Schritt auf dem Pfade bis zum Siege allein gehen. Er wird nicht dahin getragen. Jeden Schritt muß er selbst machen. Im gewöhnlichen Menschenleben müssen wir unseren Weg in der Welt auch selber finden. Wir ernähren, belehren, unterrichten uns selbst. Wenn dies hier eine Notwendigkeit ist, so ist es eine zehnfache Notwendigkeit im esoterischen Leben. Alles müssen wir dort selbst erringen, weil wir einfach nur das aus uns herausbringen können, was innen ist; unser eigener Wille, unser eigenes Bewußtsein müssen zum Erwachen kommen, zum völligen Erwachen, und zwar durch unsere eigenen Anstrengungen.

Du kannst nicht sehen, es sei denn, du benützest deine eigenen Sehkräfte. Du kannst nicht verstehen, es sei denn mit der Kraft deines eigenen Verstehens. So mußt du auch in der esoterischen Schulung alles selbst erringen. Du selbst mußt in deiner Seele die heilige Flamme entfachen. Und so ist es bei jedem anderen Schritt nach vorwärts auf spirituellem und intellektuellem Gebiete. Du mußt selbst die unsagbare Wonne des Erbarmens erleben, das unaussprechliche Gefühl des Einsseins mit dem All. Du selbst mußt das Gefäß sein für das innere Licht, das du selbst erringen mußt. Es ist in dir wie über dir, es sendet dir Stärkung und Inspiration zu. So sei es!

Spirituelles Licht kommt von innen zu dir. Du empfängst das Licht, das Licht des Geistes, nicht von außen. Alles, was der Lehrer tun kann, ist, dir dazu zu helfen, die verdunkelnden Schleier der Selbstheit auf vielerlei und verschiedene Arten abzustreifen. Alle spirituelle Erleuchtung kommt und wird immer zu dir von dem Meister in dir selbst kommen. Ein anderer Pfad zum Lichte ist nicht möglich. Alles Wachstum, geschieht von innen heraus, alle Erleuchtung kommt von innen, alle Inspiration fließt von innen heraus, alle Einweihung geschieht von innen.

Höhere Sehnsucht ist wahres Gebet; es ist ein beständiges Aufwärtsstreben von Tag zu Tag, das tägliche Bemühen, sich etwas höher zu dem inneren Gotte zu erheben. Dies bedeutet Harmonie, innere Harmonie, Frieden. Wer deshalb Harmonie und Frieden in sich, in Herz und Gemüt trägt, in dessen physischem Körper wird sich dieser Gemüts- und Herzenszustand widerspiegeln, und der Körper wird in Harmonie, d. h. in Gesundheit funktionieren.

Erhabene Ideen und gütige Gedanken läutern und verfeinern außerdem die aurische Atmosphäre um den Menschen, und es ist die strenge Pflicht eines jeden Jüngers auf dem Pfade, dies zu tun. Höheres Sehnen, Sehnen nach erhabenen und edlen Dingen verfeinert selbst die Atome unserer Konstitution, unsere gesamte Wesenheit.

Der Jünger sollte in seinem Bewußtsein, mit seinem ganzen Denken immer bei diesen Lehren sein. Sie sollten unaufhörlich im Bewußtsein festgehalten werden. Er sollte beständig über sie nachsinnen. Er sollte mit ihnen zu Bett gehen, mit ihnen aufstehen, er sollte beim Ankleiden, beim

Baden, beim Essen, bei der Arbeit in ständiger Verbindung mit ihnen sein. Halte dein Gemüt in stetem Nachsinnen über diese wunderbaren Lehren. Dieses „Überbewußtseins - Gemüt" ist die Wurzel von dir, die göttliche Essenz, bei der und in der dieses sinnende Bewußtsein verweilt.

So ist die Meditation: Nimm deine Frage zum Nachdenken und verweile in Gedanken auf unpersönliche Weise bei ihr, indem du zugleich auch in dir nach Antwort, nach mehr Licht darüber suchst. Und wenn diese Meditationsmethode getreulich befolgt wird, wird auch schließlich Licht erscheinen. Die Übung macht es so leicht, die Gewohnheit verleiht ihr soviel Anziehendes, daß schließlich die Zeit kommen wird, da du den ganzen Tag über im Meditiationszustand verweilen wirst, selbst wenn deine Hände mit den Aufgaben des Tages beschäftigt sind. Unaussprechliches Glück und Frieden liegen darin.

Man braucht sich dabei nicht in sein Kämmerlein zurückzuziehen oder eine besondere liegende, sitzende oder stehende Haltung einzunehmen; braucht nicht unter Aufbietung von Willenskraft das Gehirn zu zwingen, an bestimmte Dinge zu denken.

Konzentration bedeutet das Festlegen des Gemütes auf einen besonderen Gedanken, bei welchem es verbleiben soll. Dies ist leicht zu vollbringen, und es gehört dazu nur Interesse an der betreffenden Idee. Wenn wir an etwas wirklich Interesse haben, so wird sich unser Gemüt von selbst darauf richten.

Die beste Form der Meditation jedoch ist der ständige Gedanke, das unaufhörliche Sehnen und Streben nach besserem Sein, nach edlem Leben, und das stetige Verweilen bei dieser Idee Tag und Nacht. Wenn das Sehnen nach Besserem und Edlerem aus dem Geiste des Mitleids stammt und im Herzen gleich einem heiligen Kraftstrom flutet, so wird es dich bald hinführen zu den Goldenen Toren.

Doch der nächste Schritt auf dem Pfade wird getan, wenn der Jünger bereit ist: alles hängt von ihm selbst ab. Der Lehrer kann nichts tun als ihn erwecken. Des Jüngers Sache ist es, sich zu entscheiden. Denn ist der Jünger bereit, stellt auch der Lehrer sich ein.

Es kommt eine Zeit in der Entwicklung des Menschen, da ein Mann oder eine Frau an einem Punkt anlangen, wo sie all ihre

Energien — spirituell, intellektuell, psychisch, astral, vital, physisch — auf ein Ziel hinzurichten wünschen: nämlich, sich ohne jegliche Ablenkung oder anderweitige Pflichten zu einem tauglichen Diener und Helfer ihrer Mitmenschen zu machen. Dies ist der Beginn der *Chelaschaft*, des Standes der Jüngerschaft. Doch ist dieser Pfad der Jüngerschaft nur für wenige.

Jene, welche diesem Pfade spirituellen Fortschritts und der Erleuchtung folgen — die Jünger des esoterischen Lebens, die das Chelaleben führen — haben gelobt, ihr Selbst der Welt hinzugeben, keinen eigenen persönlichen Besitz zu haben, ihr Leben und ihr ganzes Sein um der heiligsten Sache willen, die sie kennen, hinzugeben. Für diese Jünger des Schönen Lebens ist Nichtwiderstehen das Gebot: Sie haben geschworen, nie zurückzuschlagen, nie die Hand zur Selbstverteidigung zu erheben, wenn der Angriff nur gegen den Chela geht; sich nie gegen Verleumdung und Nachrede zu verwahren, sofern dies nur zur Verteidigung der eigenen Persönlichkeit ist; wenn jemand auf die eine Backe schlägt, auch die andere hinzuhalten, und dem, der den Mantel verlangt, auch noch das Hemd hinzugeben. Doch diese Chelas geloben auch Unrecht zu bannen, böses Tun einzudämmen und aufzuhalten, wenn dies gegen einen andern gerichtet ist, weil ein Esoteriker für einen andern das tut, was er nie für sich selbst tun mag.

Die Chelas verschließen ihr Gemüt für Freude wie für Schmerz; denn der ideale Mensch ist jener, dessen Wille und Urteil nicht durch Freude oder Schmerz gebeugt und abgelenkt werden. Der überlegene Mensch ist jener, welcher unerschütterlich ist und weder durch Vergnügen verlockt noch durch Schmerzen niedergedrückt wird.

Die Chelas geben sich hin zum Segen für die Welt; sie geben alle persönlichen Dinge auf, um für das All zu leben. Sie geben sich hin, diese wenigen, und mehr kann keiner geben. Dies ist der Pfad der Buddhas und der Christuswesen.

Die Chelaschaft oder die Schulung zur Meisterschaft ist ein mühevolles und herzbewegendes Werk. Jeder Schritt dabei ist Freude, obgleich zu Zeiten psychologische Reaktionen kommen, vor denen man sich in acht nehmen muß. Das Chelaleben kann mit dem Leben eines Mannes verglichen werden, der ein wichtiges, fesselndes, äußerst interessantes und dabei sehr mühevolles Werk verrichtet. Er müht sich ab, gibt alle seine Kräfte her, sein Atem geht in schnellen Stößen, Schweiß tritt an seiner Stirne und aus seinem ganzen Körper aus, und doch fühlt er unter seinen Händen ein Werk von wunderbarer Schönheit sich vollenden. Er ist freudig entschlossen, dafür seine letzte Kraft hinzugeben. Der Chela weiß, daß, wenn sein Karman günstig ist, jenseits der fernen Hügel vielleicht nicht so sehr weit weg für ihn der Weisheitstempel liegt, und seine Tore sich vor ihm auftun werden, wenn er ihn in Reinheit und Stärke erreichen kann. Kommt er mit beschmutzten Füßen, mit Füßen, die er nicht mit den Tränen seiner Augen und dem Blute seines Herzens reingewaschen hat, so muß er seine Schritte zurücklenken oder warten, bis die Zeit kommt, da sein Herz nicht mehr bluten wird und seine Augen nicht mehr von den Tränen selbstsüchtigen persönlichen Strebens nach bloßen Persönlichkeitszielen verdunkelt sein werden. Dann werden die Augen aufleuchten unter dem Glanz der unsterblichen inneren Flamme und das Herz wird nur für andere schlagen, weil es völlig selbstvergessend sein wird. Dann werden

Schönheit, unsagbare Freude, unvorstellbare Stärke und Frieden in sein Leben kommen.

Die Chelaschaft ist an sich nichts Schwieriges. Eigentlich ist sie etwas Leichtes, ja unsagbar Leichtes. Sie bedeutet das Aufgeben von Schmerz und Leid, von Zorn, Lust und Selbstsucht, das Aufgeben all der Dinge, die uns schaden, die uns blenden, verkrüppeln und hemmen. Sie bedeutet Reinheit, Sanftmut, Frische, Stärke, Lauterkeit, Schönheit. Sie bedeutet, damit zu beginnen, das Leben eines verkörperten Gottes zu führen. Sie bedeutet das Einswerden mit dem inneren Gotte in immer höherem Maße; zuerst ein wenig, bei der nächsten Anstrengung ein wenig mehr und so weiter; denn bei jedem Schritte gewinnt der Chela mehr und mehr von dem inneren Lichte, von dem inneren Leben, von der inneren Inspiration — von der inneren buddhischen Strahlenkraft. Mit anderen Worten, sie bedeutet das immer tiefere Einswerden mit dem inneren Meister: In jedem Menschenwesen ist immer, auch jetzt schon, ein Mahâtman.

Das Leben der Chelaschaft ist ein schönes Leben, und ihre erste Regel ist, für die

Menschheit zu leben, ein reines Leben zu führen mit reinem Herzen, scharfem Verstand und ungetrübter spiritueller Wahrnehmung.

Für die Menschheit zu leben ist der erste Schritt. Es ist auch der erste Schritt im Schauen, der erste Schritt in spirituellem Wachstum, der erste Schritt in der Höherwanderung und bedeutet, nicht für sich selbst zu leben, sondern für das All, das aber doch von einem andern Standpunkt aus betrachtet in der Tat du selbst bist; Es ist du und du bist Es.

Gütig, sanft, gerecht zu sein und seine spirituellen und intellektuellen Kräfte zu pflegen, das ist das Chelaleben und ist tatsächlich das einfachste, das es geben kann. Laß dich nicht von Zorn oder Leidenschaft hinreißen. Sie sind nicht nur zwecklos, sondern du schaffst durch sie schlechtes Karman, dem du eines Tages wieder zu begegnen haben wirst, um es zu überwinden.

Sei selbstvergessen. Sei unpersönlich und deshalb dem Stoffe nicht verfallen. Sei abgelöst vom Selbstwahn und damit unpersönlich. Sei groß an Herz und Seele, dann kannst du durch Unpersönlichkeit wachsen. Ertrage Unrecht mit Gleichmut, dadurch erringst du Großmut — Herzensgröße. Schlage nie zurück, suche nicht Vergeltung zu üben, sei still, habe Geduld. Beschütze andere, doch du selbst bleibe ohne Schutz.

Vergib Beleidigungen! Mit einem Herzen erfüllt von Liebe zu allem, was da ist, und vollständigem und restlosem Verzeihen aller Beleidigungen, vergangener, gegenwärtiger und zukünftiger, umgibt sich der Chela mit einer starken, schützenden Macht; denn diese spirituellen Energien läutern das Herz, sie regen den Intellekt an, sie heben die Seele empor. Dann wird deine Seele durch deinen Körper leuchten gleich einer Lampe, die durch Glas scheint, und du wirst jene, bei denen du bist, nicht nur ebenfalls erleuchten, sondern durch deinen Frieden, durch deine Stille wirst du ihren Pfad erleichtern und erhellen.

Sei kühn in deinem Lernen, doch nicht tollkühn. Sei mutig in deinem Vorwärtsdrängen auf diesem Pfade aller Zeiten, der zum Herzen des Universums führt, doch überstürze nichts. Hüte deine Rede wohl, damit nicht etwas Unsichtbares mit den Worten hinausgeht: denn du kannst es nie zurückrufen. Wage, wolle, wisse und schweige!

Wachse natürlich und ungezwungen, so, wie die Blume ihren Kelch erschließt, wie die Knospe ihr Herz öffnet. Muß es denn immer so bleiben, daß die Augen stets von Tränen getrübt und die Füße immerdar mit dem Blute des Herzens reingewaschen werden müssen?

Verliere nicht den Mut, wenn du Mißerfolg erleidest, wenn du nicht deinem edelsten Ideale nachleben kannst. Vergeude keine Minute mit Bereuen, denn du schwächst dich damit nur. Fasse nur einfach den festen Entschluß: Ich will es nicht wieder tun! Und wenn du wieder fehlst, so wiederhole von neuem: Ich will es nicht wieder tun, denn wenn ich es wieder tue, verliere ich ja doch nur. Der Tag wird kommen, an dem durch die beständige Wiederholung des Mantrams, durch die nimmer ermattende Lichtsehnsucht von Herz und Gemüt, und durch das unermüdliche Streben und Ringen nach dem Guten und Schönen, das in dir ist, du dies Gute und Schöne plötzlich sein, zu ihm plötzlich werden wirst.

Wer das Chelaleben führt, der tauscht nur die Dinge, die er innerlich verabscheut und haßt gegen Dinge aus, die schön und hilfreich sind; er gibt Schwachheit dahin für Stärke, Häßlichkeit für Schönheit, Blindheit für inneres Schauen, Dunkelheit für Licht.

Mache keine mühevollen, krampfhaften, verzweifelten Anstrengungen, quäle dich nicht ab. Sei ganz natürlich, geduldig, ruhig, friedsam. Sei nicht ungeduldig, sei sehr geduldig. Nimm die Dinge, wie sie kommen, und strebe unaufhörlich. Strebe nach dem, was du am meisten liebst und für das Echteste hältst und verzichte auf alles übrige. Erfülle deine ganze Pflicht, wie schwer es dich auch ankommen mag, und du wirst finden, daß unsagbare Freude darin liegt. Dann wird sich früher oder später das innere Auge öffnen, das Schauen und die inneren Sinne werden sich erschließen, und du wirst Zeuge sein von sehr wunderbaren und seltsamen Dingen um dich.

Die spirituellen Fähigkeiten sind in dir und können bis zu einer unendlichen Ausdehnung gepflegt werden. Wenn das innere Auge göffnet ist, wirst du spirituelles Hellsehen erreicht haben — ein Schauen von universaler Weite, eingeschränkt nur durch die Grenzen deiner individuellen Fähigkeiten, zu empfangen, aufzunehmen und auszudeuten — und die spirituelle Fähigkeit zu sehen und recht zu sehen, und beim Schauen zu wissen, daß es Wahrheit ist. Wenn du dich mit deinem inneren Gotte verbunden hast, wird die spirituelle Macht dir zeigen, wie du Dinge auf beliebige Entfernung hin sehen kannst. Du erblickst sofort Dinge über gewaltige Entfernung hin durch das innere spirituelle Auge. Dein Bewußtsein ist dort, wohin du es gesandt hast. Du kannst in deinem Lehnstuhl sitzen und mit geschlossenen Augen bis auf größte Entfernungen sehen, was du schauen willst. Dies kann nicht nur in dieser Außenwelt geschehen, sondern du kannst mit diesem spirituellen Schauen auch in die inneren und unsichtbaren Welten eindringen und erfahren, was in spirituellen und ätherischen Welten vor sich geht. Man bedenke auch, daß diese inneren und unsichtbaren Welten die Basis oder Wurzel sind von diesem bloßen Querschnitt, den wir Menschen das physische Universum nennen. Dieses physische Weltall ist nur eine Phase oder Ebene des großen Universums des grenzenlosen Lebens.

In Tibet wird diese Kraft Hpho-wa genannt. Das bedeutet die Fähigkeit, unser Bewußtsein (und damit unseren Willen) auf jede beliebige Entfernung hin auszusenden: auf Erden, auf den Mond, auf jeden anderen Planeten, auf die Sonne. Dies ist möglich, weil die kosmischen Räume unsere Heimat sind. Sie sind wir und wir sind sie. Die gleichen Kräfte, die in ihnen wirken, sind auch in uns. Die nämlichen Substanzen, aus denen sie geboren und erbaut sind, sind auch der Stoff, aus dem wir gebildet sind. Wir sind dort zu Hause, deshalb ist die Äußerung einer solchen Kraft etwas Natürliches.

Eine andere spirituelle Kraft ist rechtes und wahres Hellhören: die Fähigkeit mit dem spirituellen Gehörsinn, dem inneren, spirituellen Ohr zu hören, das zu hören, was die Götter sagen und tun. Wer diese Fähigkeit erlangt hat, kann die Musik der Sphären vernehmen, denn jeder Himmelskörper singt auf seiner Weltenbahn seinen eigenen, majestätischen Freudengesang. Und da alles auf Erden wie anderswo, ob es belebt oder, wie man sagt, unbelebt sei, eine Anhäufung von Atomen ist, ist auch alles eine symphonische Melodie, eine Symphonie, ein vereinigter Klangkörper, der aus den Tönen aller singenden Wesenheiten gebildet wird. Und jedes Atom davon ist eine singende Wesenheit, sodaß unsere physischen Körper selbst einen verkörperten Gesang darstellen.

Jedes winzige Atom ist auf eine musikalische Note abgestimmt. Es ist in ständiger Bewegung, in beständigem Vibrieren mit Geschwindigkeiten, welche dem gewöhnlichen menschlichen Gehirngemüt unbegreiflich sind, und jede solche Geschwindigkeit hat ihre eigene numerische Ordnung, mit anderen Worten ihre eigene numerische Note und singt deshalb diese Note, sodaß für den, welcher dieses spirituellen Hellhörens fähig ist, das umgebende Leben ein einziges, großes, wundersames Lied wäre, und er selbst würde ein Lied singen. Sein Körper wäre sozusagen ein Symphonieorchester, welches eine erhabene, unbegreifliche Symphoniekomposition aufführt.

Mit der erweckten Kraft des inneren spirituellen Hörens könnte man das Öffnen einer Rosenknospe als Lied wahrnehmen, und ihr Wachstum würde sich als eine stets wechselnde Melodie äußern, die von Tag zu Tag unaufhörlich erklingt. Wir könnten den grünen Grashalm wachsen hören. Wir könnten vernehmen, wie jedes Haar auf unserem Kopfe wächst, denn Wachstum ist

Bewegung. Das Heranwachsen eines kleinen Kindes würde als langhinhallender Chor singender atomischer Wesenheiten vernehmbar sein.

Dann, wenn die spirituelle Kraft einmal erweckt ist, kann man seine Gedanken übertragen, ohne Worte — eine stimmlose Sprache — wie auch das Bewußtsein und den Willen, und zwar nach jedem Teil der Welt; man kann tatsächlich dort sein, sehen, was dort vor sich geht und wissen, was dort geschieht.

Eine andere spirituelle Fähigkeit ist die des erleuchteten Verstehens: die Fähigkeit, welche einen instand setzt, zwischen Gedanken und Gedanken, Dingen und Dingen zu unterscheiden und sie untereinander zu erkennen. Sie ist die Schwester allmächtiger Liebe: denn dieses Verstehen ist von der gleichen Natur wie das Herz des Universums. Wir haben es in uns. Wenn wir es pflegen, können wir alle Dinge verstehen. Wir können wissen, warum das Gras wächst, warum der Pfirsichbaum Blüten trägt, warum unsere Mitmenschen leben, warum wir da sind, was die Sterne auf ihren Bahnen uns unaufhörlich 'zusingen, warum Haß und Liebe, Tag und Nacht,

Sommer und Winter, Hitze und Kälte und alle anderen Gegensatzpaare bestehen.

Doch die höchste Fähigkeit, die größte Macht hat man, wenn man sich selbst gefunden hat, wenn man angefangen hat, sich selbst zu erkennen und dann in sich unbegreifliche, schöne, erhabene, unbeschreiblich große Mysterien entdeckt hat. Und die wundersamste Macht darunter ist die Macht der allgewaltigen Liebe; denn Liebe ist das Bindemittel des Universums, welches alle Dinge in beständigen, geordneten, gesetzmäßigen Bahnen hält — die höchste, erhabenste Kraft der Natur; und nichts, weder oben im Himmel noch unten auf Erden noch in den Regionen unter der Erde kann sie auf ihrem Wege aufhalten oder ihre alldurchdringende Macht hemmen. Sie ist alldurchdringend, sie kennt kein Hindernis. Und wenn wir Liebe ausstrahlen, erzeugen wir sie in anderen, denn wir selbst werden dann liebenswert infolge ihrer strahlengleichen Ausströmungen, die aus unserem Herzen hinausgehen. Wer eins mit ihr wird, — mit dem, was er in seinem innersten Wesen ist —, wird zu einem Gotte, ja, zu einem Gott; denn solch ein Gott sind wir in unserem Innersten — Söhne der Sonne, ohne alle Übertreibung. Die Göttlichkeit in uns ist strahlende Herrlichkeit, eine Herrlichkeit, unbeschreiblich schön, glänzend, leuchtend und unaufhörlich spirituelle Energie und Macht hinausstrahlend.

So sollten wir, wenn wir wachsen, werden und erfolgreich sein wollen, jene Kräfte entwickeln, denen nichts widerstehen, die niemand und nichts aufhalten kann, die Tag und Nacht wirken, in der Stille wie im Sturm, unermüdlich. Sie sind die Herzensenergie des Universums selbst, von dem wir Kinder sind. Diese Kräfte, Liebe, Intelligenz, Mitleid, Erbarmen, Vergeben, und ihre Früchte, wie Sanftmut, Güte, Milde, sollten wir zu entwickeln trachten. Aber niemand kann diese spirituellen Kräfte für sich erringen, aus dem nicht die letzte Spur der selbstsüchtigen Ichheit getilgt ist, denn die Natur wird es nicht zulassen. Der naturgegebene Weg zur Erlangung wunderbarer Kräfte besteht in der Aufgabe der Selbstheit, welche diese Kräfte in ihrem Wirken hindert.

Deshalb sage ich euch: Geht der Sonne entgegen, die in euch ist. Suchet das Reich des Himmels mit Gewalt zu erobern, denn es ist euer, es ist euer spirituelles Erbe.

Es gibt Gefahren, welche auf dem Pfad des Chela lauern. Aber er lernt, was er tun muß, um sie zu überwinden. Er lernt verstehen und deswegen fühlen, daß er, wenn er den Göttern gleich werden will, auf göttergleichen Wegen wandeln muß. Er hat einen freien Willen. Da er diesen freien Willen hat, ist es auch seine strenge Pflicht, ihn zu gebrauchen; und in seiner Anwendung ist er verpflichtet, ihn immer auf unpersönliche Weise und zu unpersönlichen Zwecken anzuwenden. In je höherem Grade der Chela dies zu tun imstande ist, um so rascher ist sein Vorwärtsschreiten auf dem Pfade. Je höher ein Mensch aufsteigt, desto notwendiger ist es für ihn, sein Ich fortschreitend immer mehr zu vergessen und im Einklang mit den Gesetzen der Natur zu wirken.

Wenn der Jünger einzig und allein mit und durch seine spirituelle Natur wirkt, wird er eins mit der Natur und arbeitet daher mit ihr, und die Natur betrachtet ihn als einen ihrer Schöpfer und leistet ihm willigen Gehorsam. Denn weil er mit der Natur arbeitet, ist er keiner Reaktion von seiten der Natur ausgesetzt, und so erhebt sich der Jünger über das Karman und wird eins mit dem Herzen des Alls, indem er nichts tut, was dem Naturgesetz zuwiderläuft; aus diesem Grunde gibt es keine Rückwirkung auf ihn. Er wirkt mit der Natur, weil er eins ist mit den Antrieben, die seinem Herzen entspringen. Je höher du aufsteigst auf dem Pfade der Evolution, desto mehr Vorsicht mußt du walten lassen. Deshalb mußt du sorgfältig acht geben auf all dein Denken und Fühlen und auf dein ganzes Tun. Du hast gelernt, wenigstens bis zu einem gewissen Grade, deinen Willen zu gebrauchen und seine Anwendung zu bestimmen, und die Natur wird dich auch in entsprechendem Maße verantwortlich halten. Nach den Gesetzen des Universums steigst oder fällst du bei jedem Gedanken, den du hast, und bei jeder Tat, die du vollführst. In jedem Augenblick deines Lebens stehst du am Kreuzwege, vor der Entscheidung für rechts oder links.

Mache dir keine Gedanken über die Folgen. Denke nur an die Durchführung deiner Pflicht, an ihre gute Durchführung, und überlasse alles Übrige sich selbst. Dies ist der Weg des Friedens, der Weg des Glücks, der Weg, welcher immer weiter in die Höhe führt.

Ein selbstbewußtes Gefühl persönlicher, individueller oder spiritueller Überlegenheit ist eine tatsächliche Gefahr. Reiße dieses Gefühl aus deinem Herzen und wirf es auf immer von dir. Es ist eine Schlange, welche beißen und dein inneres Leben vergiften will. Sei unpersönlich!

Doch die größte aller Gefahren ist das Gefühl spirituellen Stolzes. Ertöte es und arbeite an dir, bis du dein Herz von seinem egoistischen Stolz geläutert hast. Begehren und Stolz werden manchmal irrtümlich für Intuition gehalten und für das Gefühl wirklicher Befähigung.

Und doch ist es der Erkenntnisdrang, welcher zu einem Fortschritt auf dem Pfade führt, jedoch ein Drang nicht zum Erwerb von Wissen um unseretwillen, noch zum Erlangen eigener abstrakter Erkenntnis, sondern zu dem Zwecke, Erkenntnis auf den Altar der Dienstleistung zu legen.

Oh, welch gewaltige Kraft steht hinter diesem Gedanken und dieser Tatsache! Dieser Wunsch nach unpersönlicher Dienstleistung läutert das Herz, klärt das Gemüt und löst die Verknotungen der niederen Selbstheit, sodaß sie sich öffnen und auf diese Weise aufnahmefähig werden für

Weisheit. Dieses Verlangen ist die treibende Kraft, der Motor, welcher den Jünger vorwärts bringt, immer höher und höher.

Es ist nur das persönliche, das niedere Selbst, welches den Fortschritt hemmt. Denke darüber nach! Denke daran, daß es die Schleier der Selbstheit, die selbstischen Süchte, die selbstischen Triebe sind, der Wunsch, etwas zu sein und etwas für sich persönlich zu erreichen, welche den Fortschritt hemmen. Habe keine Wünsche! Habe nicht einmal das Verlangen nach Erfolg! Sei kristallklar in deinem Gemüt, sei ebenso unpersönlich wie der Geist, dem du entstammst.

Habe keine Gier nach Licht. Sei nicht aufgeregt und besorgt oder übereifrig bestrebt, selbst vorwärtszukommen. Meide Gefühlserregungen jeder Art, selbst jene höherer Art. Dagegen sei gesammelt, sei ruhig. Halte dein Gemüt klar und durchsichtig, wie es ein Bergsee ist, und deine Seele sei unbewegt und unberührt von den Wechselwinden selbstischer Gedanken.

Still sind die Stätten, an denen Wachstum vor sich geht. Still sind die Kammern, in denen das Herz erleuchtet wird. Die majestätischsten Prozesse der Natur vollziehen sich in der Stille, friedvoll, ruhig. Alles Wachstum geht ruhig vor sich, ohne Anspannung, in der Stille. Kampf und Streit, Geschäftigkeit, Unrast, Ruhelosigkeit — all diese Dinge sind Zeichen menschlicher Unvollkommenheit und des Mangels an Erkenntnis und der Weisheit der Herzenslehre. Es liegt in der Tat im Wesen des Himmlischen, nichts mühevoll zu erstreben. Deshalb sollen wir unser Werk ruhig, gründlich und ungezwungen vollführen. Sei still und wache. Sei im Spirituellen so aktiv, wie du nach außen hin ruhig bist. Dann wird dein Gemüt den goldenen Glanz der Sonne des Lichts in dir, deines inneren Gottes widerstrahlen.

Der einzige Umstand, der dich am Empfangen dieses Lichtes hindert, sind die verhüllenden Schleier der Selbstheit: Selbstsucht, Ichsucht, Zorn, Haß, Neid und unedles Begehren jeder Art. Diesen Dingen muß der Jünger lernen entgegenzutreten und sie in sich zu ertöten. Wenn er dies versäumt, werden sie ihn töten.

Hast du noch nie versucht, einer Lieblingsversuchung zu widerstehen und sie zu überwinden und auf das erschlagene Selbst herabzublicken, das häßliche Ding, welches dich sonst in seiner Gewalt hatte; und kam es dir dabei nicht seltsam vor, daß du je das Opfer von etwas so Niedrigem sein konntest?

Hebe deine Seele empor in Gedanken der Stille. Die Liebe wird die Schwingen deiner Seele lenken zu deiner spirituellen Sonne. Mühe dich nicht ab, doch schreite immerhin vorwärts. Strebe nicht ängstlich nach Vollkommenheit, doch wirke trotzdem, um Vollkommenes zu erreichen. Laß Ängstlichkeit deine Augen nicht trüben, noch die Sehnsucht deine Schritte hemmen; doch dringe unentwegt vorwärts, wandle, schreite vorwärts. Sei im Frieden.

Verfeinere dein Denken. Läutere dein Gemüt. Reinige dein Herz. Ein reines Herz und ein scharfer Verstand werden dich durch alle Fährnisse bringen. Liebe zu allen Wesen und Dingen, groß und klein, wird einen Wall, eine Schutzmauer um dich bilden, so stark und unübersteigbar, daß nichts über diesen Wall hinweg zu deinem Herzen dringen kann. Bahne dir deinen Weg durch deinen Willen — das mystische Schwert —, und so dringe vorwärts.

Dein spiritueller Wille ist nicht nur für dich ein Schild des Heils, sondern er ist sozusagen auch das Schwert, mit welchem du dir einen Weg zur Selbstüberwindung bahnen kannst, was Friede, Weisheit, Liebe, Glück bedeutet.

Siehe die Wahrheit vor dir: ein scharfer Verstand, ein offenes Gemüt, ein unverschleiertes spirituelles Schauen, Erschauen der Wahrheit, ein erweckter und tätiger spiritueller Wille sind erforderlich, damit du *zuerst über dich selbst* höchste Gewalt erlangst und unbedingte Selbstbemeisterung erringst, sodaß selbst die Elementale und die Elementalwesen der Astralwelt dich auf keine Weise beeinflussen können. Erkenne dich selbst, beherrsche dich, dann wirst du ein Meister des Lebens werden.

Du kannst dieses innere spirituelle Leben von dir garnicht eifrig genug erforschen. Es ist die Fülle der Wahrheit und der allmächtigen Liebe, des Mitleids, des Erbarmens, all der Elemente im Universum, welche durch Herz und Intelligenz der Menschen Güte, Brüderlichkeit, Sanftmut und alles Hohe und Gute erzeugen. Dieses Erforschen unseres spirituellen Wesens zeigt uns, daß wir durch die verhüllenden Schleier der niederen Selbstheit brechen und nach innen zur Gottheit vordringen müssen, zu dem inneren Gotte, welcher im tiefsten Herzen eines jedem von uns wohnt. Dann, wenn wir jenes Ziel erreicht haben, werden wir in uns den Drang fühlen, uns zurückzuwenden, gleich den erhabenen Buddhas des Mitleids, welche umkehren auf dem Pfade, um unseren Nebenmenschen zu helfen, die weit hinten langsam ihres Weges ziehen. Diese Tat des Mitleids wird von allen echten spirituellen Erlösern der Menschheit vollführt.

7.

DIE BUDDHAS DES MITLEIDS

DIE BUDDHAS DES MITLEIDS

Es sind die Großen, die Meister des Lebens, deren Licht schon den Pfad an seinem Anfang erleuchtet und das bei jedem Schritte heller wird. Ihr Licht leuchtet ohne Unterlaß und nur die dunklen Wolken im Gemüt der Menschen schließen es aus. Dies sind die Buddhas des Mitleids.

Ein Buddha ist einer, der die Sprossen der Leiter der Entwicklung hinaufgestiegen ist, Stufe um Stufe, eine nach der andern, und der so die Buddhaschaft erreicht hat, welche höchste Fülle spirituellen und intellektuellen Glanzes bedeutet. Er hat dies alles durch seine selbstbestimmten und selbstgeleiteten Anstrengungen auf dem langen Pfade der Entwicklung erreicht. Er ist ein „Erwachter", einer, der die Gottheit offenbart, welche der tiefste Grund seines Wesens ist.

Die Buddhas des Mitleids sind die edelsten Blüten der menschlichen Rasse. Sie sind Menschen, welche sich vom Menschlichen zum Göttlichen erhoben haben; und dies geschieht dadurch, daß das innen eingekerkerte Licht, das Licht des inneren Gottes, herausgelassen wird und sich durch das Wesen des Menschen, durch die menschliche Seele, offenbaren kann. Es geschieht durch Opfer und das Aufgeben von allem, was niedrig und falsch, unedel und gemein und selbstisch ist, durch Erschließung der inneren Natur, sodaß der innere Gott hervorleuchten kann. Mit anderen Worten, durch selbstgeleitete Entwicklung haben sie sich emporgehoben aus dem nur Menschlichen zu Gottmenschen, zu menschlichen Gottheiten — zu menschlich-göttlichen Wesen.

Jedes Menschenwesen ist ein Buddha im Keim. Jedes Menschenwesen trägt in seiner inneren Konstitution nicht nur den himmlischen Buddha, den Dhyâni-Buddha, der sein innerer Gott ist, sondern auch sein Höheres Ego, welches, wenn es sich auf Erden als Mensch offenbart, der Mânushya-Buddha oder der Menschliche Buddha ist. Gewöhnliche Menschen können die Kräfte ihres höheren oder spirituellen Willens oder Egos nicht völlig und gänzlich offenbaren, da sie in ihrer Verfassung zu grob veranlagt sind. Sie sind als Gefäß noch nicht genügend verfeinert. Sie leben zu stark auf den Ebenen des stofflichen Daseins. Sie sind leidenschaftlich, sie sind persönlich und deshalb begrenzt, an die Enge gebunden.

Jedes menschliche Wesen ist ein noch nicht zum Ausdruck gebrachter Buddha. Auch jetzt, in und über dir, ist er dein Höheres Selbst, und dein Höheres Selbst ist er; und indem die Zeitalter dahinrollen und du das Selbst überwindest, um das Größere Selbst zu werden, näherst du dich mit jedem Schritte dem „schlafenden" Buddha in dir. Und doch ist es in Wirklichkeit nicht der Buddha, welcher „schläft". Du bist es, der schläft, auf dem Bette der Materie, von bösen Träumen umfangen, den Kindern deiner Leidenschaften, deiner irrigen Meinungen, deiner Selbstsüchte, deines Ichwillens — sie alle bilden die dichten, schweren Schleier der Persönlichkeit, die den inneren Buddha verhüllen.

Denn dies ist das Geheimnis: Der innere Buddha wacht über dir. Dein eigener innerer Buddha hat, mystisch gesprochen, sein Auge auf dir ruhen. Seine Hand streckt sich, um es so auszudrücken, voll Erbarmen hernieder zu dir, doch mußt du hinauflangen und diese Hand ergreifen durch deinen eigenen selbstständigen Willen und dein Sehnen — du, der menschliche Teil von dir — und mußt die Hand des Buddha in dir fassen.

Eine seltsame Ausdrucksweise? Bedenke dann, was ein Menschenwesen ist: ein Gott in seinem Herzen, ein Buddha als Gefäß dieses Gottes, eine spirituelle Seele als Gefäß des Buddha, eine menschliche Seele als Gefäß der spirituellen Seele, eine tierische Seele als Gefäß der menschlichen Seele und ein Körper als Gefäß der tierischen Seele. Sodaß der Mensch zugleich einer und viel mehr als einer ist.

Wenn ein Menschenwesen alles gelernt hat, was die Erde es lehren kann, ist es gottgleich und kehrt nicht mehr zur Erde zurück — außer jenen, deren Herzen so von der heiligen Flamme des Mitleids erfüllt sind, daß sie in der Erdenschule, über welche sie längst hinausgewachsen sind und in der sie selbst nichts mehr lernen können, verbleiben, um ihren jüngeren, weniger weit fortgeschrittenen Brüdern zu helfen. Diese Ausnahmen sind die Buddhas des Mitleids.

Es gibt andererseits sehr große Menschen, sehr heilige Menschen, in jeder Hinsicht sehr reine Menschen, deren Erkenntnis weit, umfassend und tief, deren spiritueller Zustand erhaben ist, die aber nach Erreichung der Buddhaschaft, anstatt den Ruf allmächtiger Liebe zu fühlen, anstatt umzukehren und jenen zu helfen, die weniger weit voran sind, weiterschreiten und hinübergehen in das höchste Licht und in die namenlose Glückseligkeit Nirvânas eintreten, die Menschheit zurücklassend. Dies sind die Pratyeka-Buddhas. Obgleich erhaben, stehen sie doch nicht auf gleicher Stufe mit den Buddhas des Mitleids in ihrer unsagbaren Erhabenheit.

Der Pratyeka-Buddha, der die Buddhaschaft *für sich selbst* verwirklicht, tut dies jedoch nicht auf rein selbstsüchtige Weise, tut es nicht zu seiner Selbstbefriedigung, und er tut andern kein Leid damit an. Wenn dies der Fall wäre, könnte er ja nie seine Einzel-Buddhaschaft erlangen. Doch tut er das und erreicht Nirvâna sozusagen automatisch, indem er den erhabenen Antrieben seines Wesens folgt. Nichtsdestoweniger läßt er die Welt hinter sich zurück, von ihm vergessen und in die Bande der Materie geschlagen.

Der Pratyeka-Buddha stellt sich auf das

eine Ziel ein: *Selbstfortschritt zu spirituellen Zwecken*. Dies ist in gewisser Hinsicht ein edler Pfad; doch obwohl es ein kürzerer Pfad ist, ist es im Grunde ein selbstischer Pfad und die karmischen Aufzeichnungen, die ausgelöscht werden müssen, werden letzten Endes tiefere Linien aufweisen als bei dem anderen Sucher spirituellen Lebens, der dem Pfade völligen Selbstvergessens folgt und der selbst alle Gedanken an eigenen Fortschritt aufgibt. Der letztere ist natürlich bei weitem der edlere Pfad, aber eine Zeitlang führt er viel langsamer vorwärts und der Weg ist viel schwieriger. Das Endziel ist schwerer erreichbar. Wenn es jedoch einmal erreicht ist, dann ist der Lohn, der Preis unsagbar herrlich. Eine Zeitlang ist es ein schwierigerer Pfad, doch ist es ein vollkommener Pfad.

Es ist ein eigenartiger Widerspruch in dem Falle des Pratyeka-Buddha zu finden. Der Name Pratyeka bedeutet „jeder für sich selbst"; doch dieser Geist „jeder für sich selbst" ist gerade das Gegenteil von dem Geiste, der in dem Orden der Buddhas des Mitleids herrscht, denn in dem Orden des Mitleids herrscht der Geist „Gib auf dein Leben für alles, was da lebt".

Der „Einzelbuddha" weiß, daß er nicht zum spirituellen Glanze vordringen kann, wenn er nicht das spirituelle Leben führt, wenn er nicht seine spirituelle Natur pflegt. Doch da er dies nur tut, um spirituellen Gewinn, spirituelles Leben für sich allein zu erringen, ist er ein Pratyeka-Buddha. Er strebt letzten Endes *für sich selbst*. Es ist ein persönliches Bestrebtsein, ein persönlicher Wunsch da, vorwärtszukommen, um jeden Preis das Höchste zu erringen, wogegen derjenige, welcher dem Orden der Buddhas des Mitleids angehört, seine Augen auf dasselbe ferne Ziel geheftet hat, sich jedoch von allem Anfang an zu völligem Vergessen seiner selbst erzieht. Dies ist offensichtlich eine ungleich größere Arbeit und dementsprechend ist auch der Lohn.

Die Zeit kommt, da der Pratyeka-Buddha, so heilig er ist, so erhaben er in Ideal und Streben ist, einen Entwicklungszustand erreicht, von dem aus er nicht weiter auf jenem Pfade vorwärtsgehen kann. Hingegen hat derjenige, welcher sich gleich von Anfang an mit der Allnatur und dem Herzen der Natur verbindet, ein ständig sich weitendes Feld der Arbeit, so wie sich sein Bewußtsein weitet und dieses Feld erfüllt.

Und dieses sich immer erweiternde Feld ist einfach unbegrenzt, da es die grenzenlose Natur selbst ist. Er wird völlig eins mit dem spirituellen Universum, wogegen der Pratyeka-Buddha nur eins wird mit einer besonderen Linie oder einem besonderen Strom der Entwicklung im All.

Der Pratyeka-Buddha erhebt sich in das spirituelle Reich seines eigenen inneren Seins, hüllt sich darin ein und geht sozusagen zur Ruhe. Der Buddha des Mitleids erhebt sich auch wie der Pratyeka-Buddha zu den spirituellen Reichen seines inneren Seins, doch verbleibt er nicht dort, er weitet sich unaufhörlich, wird eins mit dem All oder versucht es zu werden, und er erreicht dies auch im Laufe der Zeit tatsächlich.

Der Buddha des Mitleids ist einer, der alles gewonnen, alles errungen hat, der das Recht auf kosmischen Frieden und Glückseligkeit erworben hat und auf alles das verzichtet, damit er als Sohn des Lichtes zurückkehren kann, um der Menschheit zu helfen, um allem zu helfen, was da ist. Der Pratyeka-Buddha schreitet weiter und geht ein in die namenlose Herrlichkeit Nirvânas, und dort verbleibt er ein Zeitalter lang oder auch eine Million Aeonen, je nachdem; wogegen der Buddha des Mitleids, der allem entsagt hat um der Barmherzigkeit willen, weil sein Herz so von Liebe erfüllt ist, in seiner Entwicklung weitergeht. So wird auch die Zeit kommen, da der Buddha des Mitleids, obgleich er allem entsagt hat, weit über den Zustand hinausgelangt sein wird, den der Pratyeka-Buddha erreicht hat. Und wenn der Pratyeka-Buddha zu bestimmter Zeit aus dem nirvanischen Zustand heraustritt, um seine Entwicklungspilgerreise erneut anzutreten, so wird er sich von dem Buddha des Mitleids überholt finden.

Das Selbst, die Selbstheit, das Selbstsuchen ist gerade das, was die Buddhas des Mitleids zu vergessen, zu überwinden suchen, worüber sie hinauszukommen bestrebt sind. Das persönliche Selbst muß verschmelzen mit dem individuellen Selbst, welches sich dann seinerseits in dem universalen Selbst verlieren muß.

Sie werden „Buddhas des Mitleids" genannt, weil sie ihre Einheit fühlen mit allem, was da ist und dies in immer steigendem Maße bei fortschreitender Entwicklung, bis schließlich ihr Bewußtsein mit dem All verschmilzt und ewig und unsterblich lebt, weil es eins ist mit dem All. Der Tautropfen rinnt in ein Meer von Licht, zurück zu seinem Ursprung.

Indem die Buddhas des Mitleids den Drang allmächtiger Liebe in ihrem Herzen fühlen, schreiten sie ständig vorwärts, zu immer erhabeneren Höhen spiritueller Vollkommenheit; und der Grund dafür ist, daß sie zu Gefäßen universaler Liebe geworden sind. Da unpersönliche Liebe universal ist, weitet sich ihre ganze Natur entsprechend den universalen Kräften, die durch sie wirken.

Strebe nicht nach Heiligkeit um deiner selbst willen. Strebe nach Heiligkeit wie andere danach streben, doch nur, damit du dich um anderer willen vergessen kannst. Die Liebe sucht nie sich selbst. Die Liebe sucht immer zu geben. Die Liebe ist der erste Schritt nach oben. Sie bestimmt auch alle Zwischenstufen. Und sie ist auch die letzte, wenn es eine letzte Stufe gibt. Die unpersönliche Liebe ist auch die letzte und höchste Einweihung auf Erden, denn diese Liebe ist göttlich!

Die Mahâtmans sind noch nicht Buddhas. Ein Buddha ist ein Mahâtman im höchsten Grade. Ein Mahâtman ist einer, der bewußt im spirituellen Teil seines Wesens lebt, während ein Buddha dazu gelangt ist, im göttlich-spirituellen Teil seiner Konstitution zu leben.

Die Meister sind menschliche Wesen, wenngleich erhabenen Zustandes, und das ist es, was sie uns so nahe bringt und so lieb macht. Sie nehmen die Stufe ein, welche unmittelbar auf die der gewöhnlichen Menschheit folgt. Sie sind Seelen-Menschen in menschlichen Körpern. Sie fühlen wie Menschen, sie verstehen Menschenleid und Menschenweh, sie sind fähig zu erkennen, was menschliche Fehler und Sünden sind, und sie haben deshalb menschliche Herzen, die von zärtlichem Mitgefühl und Mitleid bewegt sind. Sie erkennen auch, wenn die Gelegenheit es erfordert, die Notwendigkeit einer starken, führenden Hand. Sie sind Brüder, Menschen mit sanftem und großem Herzen, mit hervorragenden spirituellen und intellektuellen Kräften und Fähigkeiten.

„Diamantherz" ist die Bezeichnung, die auf die Mahâtmans angewendet wird; und sie hat ihre symbolische Bedeutung. Sie bedeutet das kristallklare Bewußtsein, in dem sich das Leid der Welt widerspiegelt, das den Ruf nach Hilfe aufnimmt und ihn weitergibt, in dem die buddhische Strahlenkraft aus dem Herzen einer jeden ringenden Seele auf Erden widerscheint, und das doch so hart ist wie Demant gegen alle Rufe der Persönlichkeit, der Eigensucht, und zuallererst gegenüber seiner eigenen persönlichen Natur.

Sollte der Mahâtman seinen physischen Körper aufgeben und in seinen anderen Prinzipien leben, so wird er *de facto* zu einem Nirmânakâya, der in der aurischen Atmosphäre der Erde lebt und unsichtbar für die Menschheit wirkt und so einen der lebenden Steine in der Schutzmauer bildet.

Der Nirmânakâya ist ein vollständiger Mensch mit allen Prinzipien seiner Konstitution, außer dem Linga-sharîra und dem begleitenden physischen Körper. Er lebt auf der der physischen Ebene folgenden nächst höheren Ebene des Seins, und seine Absicht hierbei ist, die Menschen vor sich selbst zu retten, indem er mit ihnen lebt, indem er unaufhörlich Gedanken spiritueller und moralischer Schönheit, der Aufopferung, des Selbstvergessens einflößt, Gedanken gegenseitiger Hilfe, des Mitleids und Erbarmens. In dieser Weise bildet er einen der Steine in dem Schutzwall, welcher die Menschheit unsichtbar umgibt.

Die meisten Mahâtmans bereiten sich vor, Buddhas des Mitleids zu werden und deshalb Nirvâna zu entsagen.

Der wahre Buddha des Mitleids entsagt Nirvâna, um der Welt zu helfen, denn er ist verkörpertes Mitleid. Er lebt durch die Aeonen, wirkt für alles, was da ist, schreitet stetig vorwärts durch selbstgeleitete Anstrengungen, durch selbstgeleitete Entwicklung dem Göttlichen, dem Gottestum entgegen; und es ist diese höchste Selbstaufopferung des Menschenwesens, von der verfeinertsten und erhabensten Art, die für Menschen vorstellbar ist, was einen Buddha zu einem so heiligen und hehren Wesen macht.

Der Buddha steht höher als selbst ein Avatâra, denn der Buddha ist eine freiwillige Verkörperung von Weisheit und Mitleid, von Erbarmen, Liebe und Selbstvergessen. Als Söhne der Sonne spenden die Buddhas Licht, wo immer sie auch hingehen. Sie verharren durch die Jahrtausende und bilden einen Wall des Schutzes um die Menschheit, beschützen sie vor kosmischen Gefahren, Gefahren, von welchen niemand außer den hohen Eingeweihten etwas weiß. Ja, diese Buddhas, die Erhabenen, sind die heiligsten!

Zur Unterscheidung des Pratyeka-Buddhas von dem Buddha des Mitleids gehört das Element einer bewußten Entscheidung, die jeder eines Tages treffen muß.

Welchen Pfad wirst du dann wählen, den Pfad der Buddhas des Mitleids oder den Pfad der Pratyeka-Buddhas? Der eine wie der andere ist edel. Beide führen zu Höhen spiritueller Erhabenheit — der eine der Pfad des Mitleids, der göttliche Pfad, der andere der Pfad persönlicher Ruhe, absoluten Friedens und der Glückseligkeit, des Lebens im Göttlichen. Einmal wirst du diese Wahl treffen müssen. Die Entscheidung für den Pfad des Selbstvergessens, des Mitleids und der unpersönlichen Liebe zu allem anderen wird dich zwar zeitweilig in den Reichen der Täuschung, des Stoffes belassen, dich aber schließlich doch auf einem Pfade, der gerader ist als jeder andere, zur innersten und tiefsten Kammer des universalen Herzens führen; denn du hast den unpersönlichen Geboten kosmischer Liebe gehorcht, und das bedeutet, du hast dich bewußt mit dem Göttlichen verbunden.

Nirvâna für sich selbst erstreben, kann man als eine Art verfeinerter spiritueller Selbstsucht betrachten, denn der Versuch, Nirvâna für sich allein zu erringen, ist lediglich individuelles Sehnen nach Befreiung aus dem geoffenbarten Leben, der Wunsch, abseits zu stehen in absolutem Frieden, in absoluter Glückseligkeit, in reiner Bewußtheit und ohne Rücksicht auf alles andere.

Wie anders hingegen ist die Lehre unseres Erhabenen: „Kann ich in vollkommener Glückseligkeit verweilen, wenn auch nur ein Menschenherz in Schmerzen schlägt?" Gib mir lieber, so ist der Gedanke, das Martyrium persönlichen Daseins, daß ich anderen helfen und sie trösten kann, anstatt das rein eigensüchtige, selbstische Glück von Paranishpanna zu erringen.

Wo ist die Sonne des Erbarmens und Mitleids, des Selbstvergessens und des Friedens? Überströmt nicht Erbarmen und Mitleid deine Seele?

Mitleid hat seine Wurzel in der Liebe; und Harmonie und Liebe sind im Wesen dasselbe. Seine eigenste Natur, sein innerstes Wesen ist, daß jeder Teil fühlt, was jedem anderen Teil zustößt; und dies wird von den Menschen in seinen höheren Aspekten, wenn es im Menschenherzen seinen Ausdruck findet, Mitleid genannt.

Mitleid ist das ureigenste Wesen und der Grundstein des Universums, sein Wesensmerkmal und Kennzeichen; denn Mitleid bedeutet „mit leiden", und das All ist ein Organismus, ein weiter, umfassender Organismus, ein Organismus ohne Grenzen, den man auch das Universal-Lebensbewußtsein nennen könnte.

Mitleid ist das Grundgesetz des Herzens der Natur. Es bedeutet eins werden mit dem göttlichen Universum, mit dem universalen Leben und Bewußtsein. Es bedeutet Harmonie, es bedeutet Frieden, Glück, unpersönliche Liebe.

Hast du dieses glänzende Schauen erlangt, so verschließe deine Augen nicht vor dem Leiden anderer, sondern verwende dein Leben gleich den Buddhas des Mitleids dazu, allen Wesen zu helfen, zuerst, indem du dich selbst emporhebst, — unpersönlich, nicht persönlich —, sodaß du auch anderen helfen kannst, das göttliche Licht zu schauen.

Gibt es etwas so Schönes, Hohes, Edles als den gebrochenen Herzen Trost, den verdunkelten Gemütern Licht zu bringen, die Menschen Liebe, Liebe und Vergeben zu lehren?

Den Menschen Frieden zu bringen, ihnen Hoffnung zu geben, in ihnen das Licht zum Aufgehen zu bringen, ihnen den Weg aus der Wirrnis des stofflichen Daseins zu weisen, den Mitmenschen das Wissen um ihre innere Göttlichkeit als eine Wirklichkeit wiederzubringen, ist das nicht ein erhabenes Werk?

Friede allen Wesen!

Verlag Esoterische Philosophie GmbH

HANNOVER

Nur echt mit dem Tor »

Im selben Verlag erschienen:

3-924849-28-5/29-3	**Purucker, G. v.**	Grundlagen der Esoterischen Philosophie, 2 Bde., geb.
3-924849-24-2/31-5		Studien zur Esoterischen Philosophie, 2 Bde., geb.
3-924849-23-4		Goldene Regeln der Esoterik, geb.
3-924849-03-X		Die Meister und der Pfad des Okkultismus, kart.
3-924849-40-4		Wörterbuch Esoterische Philosophie, geb.
		Esoterische Philosophie – DIE TRADITION:
3-924849-33-1		Sichtbare und unsichtbare Welten, geb.
3-924849-34-X		Der Mensch in der Unendlichkeit, geb.
3-924849-35-8		Mit der Wissenschaft hinter die Schleier der Natur, geb.
3-924849-36-6		Geburt und Wiedergeburt, geb.
3-924849-37-4		Tod – was kommt danach?, geb.
3-924849-38-2		Mysterienschulen und Lehren, geb.
3-924849-25-0	**Judge, W.Q.**	Die Bhagavad-Gita, geb.
3-924849-26-9		Studien über Bhagavad-Gita, geb.
3-924849-01-3		Das Meer der Theosophie, kart.
3-924849-32-3	**Blavatsky, H.P.**	Unheimliche Geschichten, geb.
3-924849-27-7	**Tingley, K.**	Der Pfad des Mystikers, geb.
3-924849-06-4	**Amneus, N.A.**	Regiert Zufall oder Gerechtigkeit unser Leben?, kart.
3-924849-39-0	**Handbuch**	Esoterische Philosophie – Einführung, kart.
ISSN 0179-5317	**Zeitschrift**	ESOTERISCHE PHILOSOPHIE – Die Weisheit der Zeitalter – DAS FORUM (1/4jährlich), broschürt

Weitere lieferbare Bücher:

Blavatsky, H.P.	Die Geheimlehre ungekürzte Originalausgabe, 4 Bde., geb.
	Isis Entschleiert, 2 Bde., geb.